客户稳定性对企业创新影响的理论与实证

文旭倩 著

西南交通大学出版社
·成 都·

图书在版编目（CIP）数据

客户稳定性对企业创新影响的理论与实证：文旭倩著. -- 成都：西南交通大学出版社，2024.4
ISBN 978-7-5643-9722-7

Ⅰ.①客… Ⅱ.①文… Ⅲ.①企业创新-影响因素-研究 Ⅳ.①F273.1

中国国家版本馆 CIP 数据核字（2024）第 028482 号

Kehu Wendingxing Dui Qiye Chuangxin Yingxiang de Lilun yu Shizheng
客户稳定性对企业创新影响的理论与实证

文旭倩 著

责 任 编 辑	孟秀芝
封 面 设 计	原谋书装
出 版 发 行	西南交通大学出版社
	（四川省成都市金牛区二环路北一段 111 号
	西南交通大学创新大厦 21 楼）
营销部电话	028-87600564　028-87600533
邮 政 编 码	610031
网 　 　 址	http://www.xnjdcbs.com
印 　 　 刷	成都蜀通印务有限责任公司
成 品 尺 寸	170 mm × 230 mm
印 　 　 张	8.5
字 　 　 数	152 千
版 　 　 次	2024 年 4 月第 1 版
印 　 　 次	2024 年 4 月第 1 次
书 　 　 号	ISBN 978-7-5643-9722-7
定 　 　 价	45.00 元

图书如有印装质量问题　本社负责退换
版权所有　盗版必究　举报电话：028-87600562

前言 ‖ PREFACE

  制造业是国民经济的主体，是立国之本、兴国之器、强国之基。推进新型工业化，是实现中国式现代化的必然要求，是全面建成社会主义现代化强国的根本支撑，是构建大国竞争优势的迫切需要，是实现经济高质量发展的战略选择。

  制造业发展的根本是创新，《中国制造 2025》明确指出，实现这一目标的基本方针之一是"创新驱动"。靠创新驱动实现转型升级，实施从"中国制造"向"中国智造"的转变，需要把创新作为发展的第一动力，把创新摆在发展的核心位置。

  以增强企业竞争力为目的的供应链管理，是近年来学术界研究的热门领域，企业与供应链下游客户的关系更是学者们研究的重点。客户是企业重要的利益相关者，客户不仅影响企业的经营绩效，与企业面临的风险、融资能力、投资决策等方面也存在显著关系。但客户对企业创新的影响仍然没有一致的结论。一方面，当前研究大多以客户集中度作为衡量指标，并未区分企业与客户的合作特点，导致结果差异大；另一方面，客户对企业投资、融资等均有影响，只考虑客户对企业创新的影响还不够全面。因此，从客户集中度、客户集中度波动和客户变更三个层面分析客户与企业的合作关系，深入探讨客户稳定对创新投入产生的直接和间接影响关系，并分析"中国制造2025"实施存在的差异，有助于更好地理解供应链管理的治理作用，同时有助于企业有效地保障创新投入资金和对"中国制造2025"政策的解读。

  本书以中国 A 股制造业上市公司 2011—2019 年的观察数据为研究样本，分析了客户稳定对企业创新投入的影响及其内在机制。在实证分析时，首先，分析了客户稳定对创新投入的影响，并区分要素密集度探讨不同行业特征存在的差异。其次，分析了融资结构和现金持有分别对客户稳定与创新投入产生的中介效应及要素密集度产生的调节效应。最后，从决策行为角度，探讨了管理者过度自信在客户稳定与创新投入间存在的中介效应及要素密集度产生的调节效应。本书的主要结论如下：

（1）客户集中度越高，客户集中度正向波动越高，企业创新投入越大。但客户集中度负向波动和客户变更会减弱创新投入，且相比技术密集型企业，非技术密集型企业的客户稳定对创新投入影响更大。"中国制造2025"实施后，客户集中度对创新投入的影响更显著。

（2）客户集中度和客户集中度正向波动与外源融资显著正相关，而负向波动和客户变更与外源融资显著负相关，且外源融资在客户稳定与创新投入间存在中介效应；客户集中度、客户集中度波动、客户变更与内源融资均呈显著负相关关系，但内源融资中介效应不显著。相比技术密集型企业，外源融资的中介效应在非技术密集型企业中影响更大。客户集中度对内源融资、外源融资的影响及外源融资产生的中介效应在"中国制造2025"实施后影响更显著。进一步研究发现，股权融资在客户集中度与企业创新投入中发挥的中介效应最大，商业信用次之，银行借款影响最小且表现为遮掩效应。

（3）客户集中度、客户集中度波动和客户变更均会增加现金持有水平，现金持有在客户集中度和客户集中度正向波动间存在中介效应，而在客户集中度负向波动和客户变更间存在遮掩效应。相比技术密集型企业，非技术密集型企业的创新投入受现金持有影响更大。"中国制造2025"实施前，客户集中度对现金持有及现金持有产生中介效应的影响更大。进一步研究发现，政府直接财政资助能显著提升客户集中度与创新投入的正相关关系，但税收优惠的积极作用只有在现金持有水平较高的企业显著，可见财政资助是"雪中送炭"，而税收优惠只是"锦上添花"。

（4）除客户集中度负向波动，客户集中度、客户集中度正向波动和客户变更均与管理者过度自信呈显著正相关关系，且管理者过度自信在客户集中度、客户集中度波动与创新投入间存在中介效应，在客户变更与创新投入间存在遮掩效应。相比技术密集型企业，管理者过度自信在非技术密集型企业的中介效应更显著。"中国制造 2025"实施前，管理者过度自信的中介效应影响更大。进一步研究发现，创新投入会促进企业市场价值的提高，且客户集中度会加剧这种影响，但这种关系仅在管理者过度自信的企业显著。

本书的结论表明，客户稳定确实存在治理效应，对企业创新投入存在直接和间接作用。同时本书的研究结论对企业理解"中国制造 2025"有重要的理论意义和现实意义，为企业提升创新投入、建立稳定的客户合作关系提供了直接的经验证据。

文旭倩

2023 年 12 月

目 录 CONTENTS

第1章 概 论 ……………………………………… 001

    1.1 研究背景 …………………………………… 001
    1.2 研究意义 …………………………………… 003
    1.3 研究方法、研究思路和创新之处 …………… 004

第2章 理论基础和文献综述 ……………………… 008

    2.1 理论基础与概念界定 ……………………… 008
    2.2 文献综述 …………………………………… 012
    2.3 文献评述 …………………………………… 022

第3章 客户稳定与创新投入 ……………………… 023

    3.1 客户稳定影响创新投入的机理分析 ………… 023
    3.2 理论分析与研究假设 ……………………… 025
    3.3 研究设计 …………………………………… 027
    3.4 实证分析 …………………………………… 031
    3.5 "中国制造2025"实施前后差异性分析 …… 043
    3.6 本章小结 …………………………………… 046

第4章 客户稳定、融资结构与创新投入 ………… 047

    4.1 引言 ………………………………………… 047
    4.2 理论分析与研究假设 ……………………… 047
    4.3 研究设计 …………………………………… 050
    4.4 实证分析 …………………………………… 054
    4.5 "中国制造2025"实施前后差异性分析 …… 060

4.6　进一步的分析和检验 ································· 064
　　4.7　本章小结 ··· 065

第 5 章　客户稳定、现金持有与创新投入 ················· 068
　　5.1　引言 ··· 068
　　5.2　理论分析与研究假设 ······························· 069
　　5.3　研究设计 ··· 071
　　5.4　实证分析 ··· 074
　　5.5　"中国制造 2025"实施前后差异性分析················ 079
　　5.6　进一步的分析和检验 ······························· 081
　　5.7　本章小结 ··· 083

第 6 章　客户稳定、管理者过度自信与创新投入 ··········· 085
　　6.1　引言 ··· 085
　　6.2　理论分析与研究假设 ······························· 085
　　6.3　研究设计 ··· 088
　　6.4　实证分析 ··· 091
　　6.5　"中国制造 2025"实施前后差异性分析················ 099
　　6.6　进一步的分析与检验 ······························· 101
　　6.7　本章小结 ··· 103

结　论 ··· 104

参考文献 ··· 107

第1章 概 论

1.1 研究背景

制造业是国民经济的产业支柱和物质基础，是立国之本、强国之基，是国家科技水平、综合国力的重要体现，同时也是国际竞争的先导力量。国家统计局数据显示，2022年我国制造业增加值突破40万亿元大关，占国内生产总值（GDP）的比重达33.2%，制造业规模已连续13年居世界首位。随着人工智能、物联网、云计算、大数据等先进技术领域的发展，传统制造业在不断变化。党的二十大报告指出，"坚持把发展经济的着力点放在实体经济上，推进新型工业化，加快建设制造强国"，同时强调"推动制造业走好高端化、智能化、绿色化这'三化'发展之路，是中国经济实现高质量发展的必然选择"。但我国仍处在工业化进程中，制造业大而不强，自主创新能力较弱，制造业创新体系不完善，与世界先进水平相比还有较大差距。

2023年3月5日，习近平总书记参加江苏人大代表团审议时指出"任何时候中国都不能缺少制造业"，"下一步要努力发展高端制造业，实现全面提升"。建设中国特色社会主义的新时代背景下，坚持走中国特色新型工业化道路，发展先进制造业，打造全球高水平的制造业体系，对实现中华民族伟大复兴的中国梦具有重要意义。2013年以来，"增强工业核心竞争力""推动中国制造向中国创造转变"等概念不断被提出。2015年5月19日，中华人民共和国国务院办公厅正式印发的《中国制造2025》，成为我国实施制造强国战略的第一个十年行动纲领。该行动纲领以实现制造业强国作为目标，提出坚持把创新摆在制造业发展全局的核心位置，完善有利于创新的制度环境，走创新驱动的发展道路，提升企业核心竞争力和品牌塑造能力，并明确指出，2015—2025年中国制造业研发经费内部支出占主营业务收入比重上涨76.84%，有效发明专利数上升59.09%。可见，加强创新能力是制造业未来发展的现实路径，也是必由路径。

创新是经济长期增长的动力，企业创新不仅能创造新产品、新工艺，也能通过改善企业管理水平和组织结构提升生产效率，是企业保持健康发展的关键因素（Schumpeter，1934）。某些汽车企业在我国汽车市场高速增长时期迅速崛起，但仅靠模仿国际成熟设计、购买变速箱和发动机等重要部件寻求发展，并未真正掌握核心技术，最终走向衰败。经济全球化更是加剧了国际竞争，Freeman和Soete（1997）指出，企业若不创新，则可能走向"消亡"。持续性创新投入会增强企业自身的增长速度和长期绩效（Anandarajan et al.，2007）。可见，加大企业的创新投入已刻不容缓。

我国工业发展较美国、德国等发达国家起步晚，且创新能力不足，仍处于世界价值链的中低端，是制造大国但不是制造强国，这是我国制造业面临的现状。随着"中国制造2025"的实施，我国制造业迎来了新的机遇和契机，如何提高创新投入以全面增强企业竞争力成为制造业亟待突破的瓶颈。但创新投资不同于普通投资，要受技术、市场等因素影响，具有较高风险和不确定性，且资金需求多、周期较长。同时，创新投资一旦失败，企业将遭受沉重打击，企业损失的不仅是前期巨额的投资成本，还要面临技术流失、研发团队重建等问题。因此，创新是需要企业"精心设计"的，而资金约束是企业创新公认的瓶颈（Hall和Lerner，2010）。因此，保障创新投入的资金稳定、降低企业财务风险是企业创新的关键。

从现有研究来看，融资约束（Aghion et al.，2010）、融资结构（李汇东等，2013）、现金持有（Schroth和Szalay，2010）、政府支持（周海涛和张振刚，2015）等不同融资渠道对创新投入的影响一直是国内外学者研究的热点。但企业的盈利能力才是企业长远发展的基石，对创新投入有显著影响，内源融资更是企业创新投入不可或缺的资金保障。客户作为企业重要的利益相关者，是企业收入的主要来源，与企业盈利能力密切相关，是企业技术创新不容忽视的重要变量。同时，随着学者们对技术创新研究的不断深入，开放式创新的概念被提出。创新不仅是企业内部的活动，更需要外部资源的合作与协同，整合企业内外部资源成为企业创新的基础（Chesbrough和Crowther，2006），利用外部资源，从客户、供应商等获取信息，是企业技术创新的关键。因此，企业与客户的合作关系，不仅对企业资金、绩效等有显著影响，也对企业获取市场信息、技术知识等有重要作用。

21世纪的竞争已不再是企业与企业间的竞争，而是转变为供应链间的竞争；客户、企业、供应商间的关系也不再是单纯的"买""卖"关系，而是供应链成员间信息、技术、人员、资金等方面的合作、共享和交流。供应链管理逐渐成为学者们研究的热点。加强供应链管理，是供应链成员间持续、稳定地合作、协调的保障，是企业未来发展的必然途径（李维安等，2016）。客户作为供应链下游组成部分，是企业重要的战略资源，企业与客户建立稳定的合作关系会为企业带来诸多好处。例如：更有利于掌握客户需求，降低销售费用，提高销售效率；更有助于推进企业创新，提高技术水平，保障企业的持续性盈利。但同时，基于议价能力视角，过高的客户集中度会导致企业议价能力的降低，迫使企业降低销售价格，有损企业利润（唐跃军，2009）。客户集中度为企业带来收益的同时也带来风险（王雄元和高开娟，2017）。因此，如何认识客户与企业建立合作关系带来的正向和负向影响，仍是学者们亟待解决的重要问题。

我国证监会于2011年修订了上市公司公开披露内容，要求强化对供应商、客户信息的披露，鼓励企业披露前五名客户和供应商名称、销售额，客户关系视角的研究逐渐成为热点话题并形成诸多成果。已有研究证实，客户对企业绩效、投融资、财务政策等多方面均存在显著影响。企业参与新产品开发于20世纪80年代末期兴起，波音、丰田等国际企业更是在全球范围与企业进行合作创新，让企业参与到客户内部的技术创新中。近年来，客户关系对企业创新投入的影响受到越来越多国内外学者的关注，但并未得到一致的结论。大部分学者认为客户集中对创新投入存在显著影响，研究结论显示有正向和负向影响，即客户集中有助于企业创新投入（AK和Patatoukas，2016），客户集中会阻碍企业技术创新（孟庆玺，2018）。但也有少数学者认为两者关系不显著。究其原因：一是客户方面。首先，对企业与客户关系的研究大多从客户集中度的角度出发，但企业与客户的合作既有加深也有削弱，两者对企业的影响不能笼统地一概而论，需要更明确地区分和讨论；其次，企业也存在更换客户的情况，客户变更造成的影响也应进行深入探讨。二是客户对创新投入影响方面。首先，现有研究一般集中在客户集中度对创新投入的影响研究，缺乏同时对客户与创新投入直接和间接影响的讨论；其次，鲜有研究讨论要素密集度不同的企业间存在的差异。因此，对于客户稳定对企业创新投入的影响还缺乏系统的理论分析和实证研究，亟须进一步完善。

1.2 研究意义

1.2.1 理论意义

（1）创新投入研究。现有研究普遍探讨外部资金对创新投入的影响，忽略了客户对企业收入有重要影响的治理作用。近年来，随着创新投入重要性的不断提高，创新投入的资金问题成为热点话题。本书将从客户角度出发，分析客户对创新投入产生的直接影响，以及对融资渠道、决策行为等产生的间接影响。

（2）客户稳定研究。目前我国学术界关于供应链管理的研究才刚刚起步，还没有形成系统的研究结论和完善的理论体现，且现有对客户的研究中普遍关注客户集中度产生的影响，并未对客户关系进行细分，忽略了客户变更、客户集中度波动带来的差异。本书将主要从客户集中度、客户集中度波动和客户变更三个层面出发，分析客户稳定对创新投入的影响存在的差异。

（3）企业异质性研究。现有研究大多忽略了企业对创新投入需求的差异。本书根据不同要素密集度对企业进行分类，进而探讨不同性质企业间客户稳定对创新投入直接和间接影响存在的差异。

1.2.2 实践意义

（1）本研究有助于加深对企业创新投入的认识，通过战略调整或激励措施，提升企业的创新投入能力和效率，为企业创新投入方向提供参考依据，对创新投入决策的制定者、企业管理者及资本市场的投资者具有重要的参考价值。

（2）本研究有助于帮助企业制定客户管理方面的决策，为提升供应链管理提供有价值的参考。现代企业竞争激烈，供应链管理是提升核心竞争力的必要手段，本书将研究客户稳定对创新投入的影响，以论证企业意识到供应链管理的重要作用，进而引导企业与客户建立高效、高质的合作关系，提升供应链整体绩效。

（3）本研究有助于帮助企业重视资金的有效运用，加强管理，降低企业财务风险，保障创新投入长期稳定的资金支持，并结合企业行业特点，分析市场需求，合理分配资金，提升企业创新能力，促进企业自身转型升级。

1.3 研究方法、研究思路和创新之处

1.3.1 研究方法

本书主要采用大样本理论分析和实证分析，基于供应链管理、管理学、经济学和统计学等相关领域的知识对客户稳定和创新投入之间的关系进行理论分析，并在此基础上通过大样本实证分析来验证得出的理论分析。实证分析部分

将采用多元回归的分析方法，首先分析客户稳定对创新投入的影响，根据要素密集度将企业分为技术密集型和非技术密集型，比较不同类别企业客户稳定对创新投入影响的差异；其次从企业资金层面，分别引入融资结构和现金持有水平两个变量，分析其在客户稳定对创新投入间产生的中介效应，并进一步探讨股权融资、商业信用和银行贷款不同融资方式及政府直接资助和税收优惠在两者关系间产生的差异；最后从决策行为角度，分析管理者过度自信产生的中介效应，并进一步分析客户稳定与创新投入产生的经济效果。同时，为进一步探讨"中国制造2025"实施带来的变化，本书还对实施前后客户稳定与创新投入的关系进行了比较，分析其产生的差异。本研究所需要的财务数据主要来源于 CSMAR 数据库，客户稳定和创新投入数据主要是手工整理获得，所采用的统计分析软件为 Stata 15.0。

1.3.2 研究思路

本书基于"客户稳定—资金支持—创新投入"的研究思路，将客户稳定、融资结构、现金持有水平、管理者过度自信和创新投入等有机结合形成一个整体框架。如图 1-1 所示，主要从三方面考察客户稳定是如何影响企业资金进而作用于创新投入的。

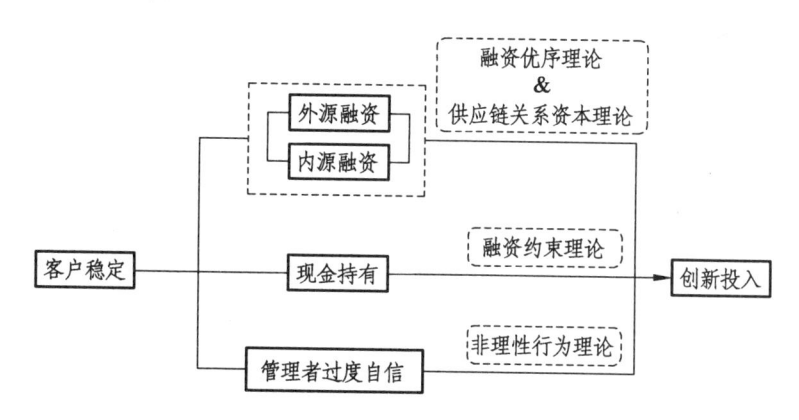

图 1-1 客户稳定影响创新投入的思路图

首先，基于资金来源的视角，分别从内源融资与外源融资两个方面进行探讨。其原因在于，客户作为企业收入的重要来源，其自身财务状况、与企业合作情况等均对企业内源融资有重要影响。根据融资优序理论（Myers，1984），企业会优先运用自有资金进行投资。同时，根据供应链关系资本理论，供应链内企业间的信任、信息共享等社会关系会为供应链带来资源优势，有利于企业的外源融资，且这样的社会资本更容易让企业过度投资（张润宇等，2017）。可见，企业与客户的关系会通过影响内源融资和外源融资作用到企业创新投入，内源融资和外源融资产生的中介效应有待验证。

其次，基于融资约束的视角，受到融资约束的企业会持有更多现金，且现金持有量与内部现金流呈正相关关系（Almeida et al.，2004），并影响企业投资。Itzkowitz（2013）发现，企业为了对冲供应链关系中的风险，会额外持有流动资产。随着学者们研究的深入，客户对企业现金持有的影响受到越来越多的关注。从买方市场看，企业会为客户提供更多的商业信用，基于预防性动机，避免因对客户的依赖造成财务风险，企业会增持现金，更容易出现过度投资。因此，现金持有会通过影响客户关系作用到企业创新投入。

最后，从经理人"认知偏差"角度分析，管理者存在高估或者低估企业资源的可能，客户作为企业重要的社会资本，稳定的客户关系可能促使高级管理者的过度自信水平上升，更容易做出过度投资的决策，从而增加企业的技术创新投入（王山慧等，2013）。此外，过度自信的管理者更易高估外部融资成本，从而选择内部融资、债务融资、股权融资这样的融资顺序（邓路等，2016），这也可能会增加企业的现金持有水平（郑培培和陈少华，2018）。可见，从资金层面，管理者也可能因过度自信而改变企业的投资行为。

1.3.3 创新之处

本书的创新之处体现在以下三个方面：

第一，已有文献大多从客户集中度对客户关系进行衡量，研究不全面。本书创新地引入客户集中度波动和客户变更，结合客户集中度，共同构建客户关系衡量指标，有利于完善客户关系衡量体系。研究发现，客户集中度、客户集中度正向波动与企业创新投入正相关，而客户集中度负向波动和客户变更与创新投入负相关，验证了企业与客户的合作关系对创新投入的影响存在差异性。

第二，为分析企业创新投入的资金来源问题，本书设计了通过不同融资结构及现金持有水平对客户稳定与创新投入影响关系产生的中介效应。研究发现，外源融资和现金持有分别在客户稳定与企业创新投入关系中存在部分中介或遮掩效应，且外源融资的中介效应占比较现金持有占比更高。在企业创新投入中，外源融资扮演了重要角色，而现金持有更倾向防范风险。研究结论为企业创新投入资金支持提供了经验证据。

　　第三，管理者作为企业战略决策的制定者和执行者，对风险的承担水平直接影响企业与客户的合作关系及企业的创新投入。本书从管理者过度自信角度，考虑管理者对企业融资、现金持有水平、投资等方面的影响，设计了管理者过度自信对客户稳定与企业创新投入的影响研究。研究发现，客户变更并不会降低管理者的过度自信，且管理者过度自信在客户稳定与创新投入关系中产生部分中介效应或遮掩效应。相较于客户的稳定，过度自信的管理者更看重企业与客户的紧密关系，但容易忽视企业因此付出的高额成本和面临的风险。研究结论为探究创新投入的影响因素提供了新的经验证据。

第 2 章　理论基础和文献综述

2.1　理论基础与概念界定

2.1.1　创新投入相关理论

Schumpeter（1911）在 *Theory of Economic Development* 中首次提及"创新理论"，他认为，创新是要建立一种新的生产函数，经济变动的形式或方法不是静止的而是变动的，是一种"资本主义的创造性破坏"，创新、新组合和经济发展都是资本主义的本质特征。他将创新分为五种形式，即生产新产品、开辟新市场、新生产方法、新的组织形式和新攻击来源（Schumpeter, 1934），形成了创新理论体系（Schumpeter, 1942）。创新是经济发展的主要发展动力（Abramovitz, 1956），学者们在 Schumpeter 的研究基础上，对创新理论进行了大量的研究。

Rostow（1960）将创新的重点引入技术创新中。Rothwell（1994）将技术创新的发展分为五个阶段，分别为：第一阶段，创新被认为是研发活动思想的过程；第二阶段，创新是因为市场需求刺激需要研发新产品；第三阶段，创新被认为是技术开发和市场因素的共同作用；第四阶段，创新被认为贯穿了从产品研发到生产和营销的全过程；第五阶段，创新需要考虑技术、市场的适应性，需要企业与客户、供应商、政府等外部机构的信息共享和协同，且在合作网络上可行。Hobday（2005）在此基础上进行了总结，并将第五阶段定义为系统整合与网络化，强调网络的、系统的合作，即与竞争者、供应商、客户等的合作，将企业单一的力量整合为外部力量的合集。而沟通、竞争、合作、整合和协同是企业与外部资源创新的五个阶段（郑刚，2004）。

随着全球化竞争的加剧，单靠企业一方已很难全面掌握创新所需的资源，且创新风险难以独自承受。因此，寻求与外部组织的合作，获取外部资源的同时分散创新风险，以"开放式创新"取代"封闭式创新"是企业创新的必经之路（Chesbrough, 2003）。开放式创新是企业整合内部和外部的创新资源，通过内外部创新资源共同发挥作用，以提升企业的创新绩效（Chesbrough 和 Crowther, 2006）。开放式创新打破了封闭式创新的局限，帮助企业从互动中获取外部资源和信息,提高创新资源的流动性,提高创新绩效和新产品开发的成功率。在这种模式下,企业建立的创新组织不再局限于企业内部,还包括竞争者和客户等。而客户的加入,会使企业的创新过程更具针对性,并且根据客户需求,降低产品开发的风险。

Pavitt(1984)认为,企业创新能力的其中一种是企业核心竞争力,而这种核心竞争力是企业长期形成的,支撑企业过去、现在和未来的知识和技能,是企业区别于其竞争对手的潜能(Prahalad 和 Hamel,1993)。因此,技术创新是企业发展必不可少的环节,也是企业提高核心竞争力的有力手段。同时,利用外部资源,即从客户、供应商等获取信息,也是企业创新的关键。

2.1.2 供应链关系资本理论

社会资本理论是新兴的一门社会科学理论。"社会资本"(Social Capital)这一概念于 20 世纪 80 年代由法国社会学家皮埃·布尔迪厄(P. Bourdieu)正式提出,他认为社会资本是资源的集合体,是一种体制化的关系网络,属于活动中产生的无形资产(Bourdieu,1986)。美国社会学家科勒曼(Coleman)总结并提出了社会资本理论,认为社会资本是个人拥有的社会资源,受意识形态、社会结构的稳定性、政府资助、社会网络封闭性等多个因素的影响(Coleman,1988)。国内外学者从不同角度对社会资本进行了定义,但并未形成统一的观点。本书基于较有代表性的观点,借鉴韦影和王昀(2015)的研究,对社会资本进行了分类表述总结,如表 2-1 所示。

随着社会资本在经济学领域的运用,陈劲和李飞宇(2001)认为,社会资本是企业与其他企业间的横向关系、企业与供应链各环节间的纵向关系以及企业与相关群体间社会关系的总和,企业有能力通过这些关系获取外部信息和资源。而 Park 和 Luo(2001)指出,企业与供应商、客户等外部组织的合作关系,是企业的一种社会资本,不仅有助于企业的战略发展,还有助于企业市场保持竞争优势。越来越多的学者开始关注企业、客户与供应商间的合作关系,且研究发现,供应商与客户的稳定合作有助于企业的绩效(Krause et al.,2007)。供应链层面的关系资本逐渐成为热点话题。

供应链社会资本理论是社会资本理论在供应链关系中的运用,是供应链内企业间直接和间接关系及结构带来的价值(Cousins et al.,2006)。Kale 和 Shahrur(2007)认为,关系资本可以用联盟伙伴间相互信任、尊重和友谊的程度来衡量,而关键因素则是信任(Kanter,2009)。Villena et al.(2009)发现,信任、互惠的供应链协同有助于降低企业成本,提高客户与供应商的合作意愿。叶飞和薛运普（2011）也认为，供应链关系资本是企业与供应链合作伙伴间一定时间产生的相互信任、持续合作的意愿。企业间经营活动的长期渗透，形成供应链层面的关系资本，这种关系资本不仅包括企业内部的，也包括供应链上下游企业间的。

表 2-1 社会资本概念分类表述

文献来源	概述角度	表述
Nahapiet 和 Ghoshal（1998）	资源观	由个体或组织在网络中现实或潜在的资源总和
Lin（1999）		通过社会关系投资，能在市场获取回报的资源
边燕杰和丘海雄（2000）		通过行动主体和社会联系，获取稀缺资源的能力
Adler 和 Kwon（2002）		具有一定资源的个人和组织，这些资源有利于其他行动者的价值创造
陈钰芬等（2020）		借助社会网络，与股东、员工、消费者、供应商等利益相关者建立良好的关系，从中获取信息和资源
Portes（1998）	能力观	个人利用自身在网络中或更广泛的社会结构获取稀缺资源的能力，是一种嵌入的结果
Fukuyma（1995）		个人在团队或组织中，为共同目标工作的能力
Burt（2009）	关系观	社会关系网络，个人从朋友、同事及其他普通关系中获取资本的机会
Fukuyama（1995）	行为观	与诚实、遵守承诺、互惠等美德相关的，有助于个体间相互合作的非正式规范，且信任是决定性因素
Nahapiet 和 Ghoshal（1998）谭云清等（2013）	维度划分	结构资本、认知资本和关系资本
Coleman（1988）		1. 义务与期望；2. 信息网络；3. 规范与有效惩罚；4. 权威关系；5. 多功能社会组织和有意创建的社会组织
Putnam（2000）		信任、规范、网络等特征
Uphoff（1996）		结构性和认知性
Adler er al.（2002）		外部和内部社会资本
马宏和李耿（2014）		政企关系、银企关系、高管个人关系、企业交易关系和企业声誉

从关系资本看，信任和承诺是供应链关系资本的重要因素，是合作伙伴间的信赖程度，是降低供应链不确定性的关键（李迁等，2019），其有助于企业间的信息共享，对企业运营绩效也有间接作用（叶飞和薛运普，2011）。而承诺则以信任为基础，促进合作伙伴间的交流，从而获取有价值的技术知识，提升创新绩效。

综上所述，信任是供应链关系资本的关键，客户与企业建立信任的合作关系，有助于企业更好地接受和理解客户的目标、需求，更好地为客户提供产品服务，且有助于双方共同合作寻求解决问题的有效途径（McEvily 和 Marcus，2005），提高企业绩效。同时，以信任为基础，构建供应链关系资本中的关系承诺，有助于企业获取市场信息和技术知识，提高创新绩效。

2.1.3 客户稳定概念界定

供应链关系是供应链链条上各企业间形成的一种协调关系，为实现某个特定的目标或利益相互作用（Maloni 和 Benton，2000）。Stank et al.（2001）认为，供应链节点企业的互利和长期合作关系是供应链关系形成的基础。本书主要关注企业与供应链下游的关系，即企业与客户的合作关系。实务中，客户关系是复杂的网状结构（见图 2-1），包含企业与客户、客户与客户。但由于研究数据的局限性，本书仅从企业与客户间的双边关系入手。

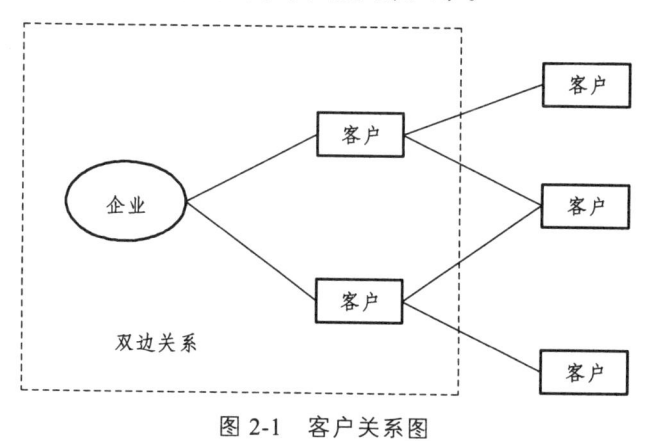

图 2-1 客户关系图

资料来源：王玲，2005。

现有文献中，学者们对客户关系的研究大多从客户集中度入手，产生了诸多研究成果。Kinney 和 Wempe（2002）认为，客户集中度越高，企业与客户的合作关系越稳定。综合大量文献对客户、客户集中和客户关系概念的描述，本书将"客户稳定"概括为：企业与客户间形成使企业具有持续性和稳定性盈利的、良好的、长期的战略合作关系。这种关系不仅包含客户集中程度，还涉及客户合作变更或波动等情况，通过客户集中、客户变更、客户波动三个层面对客户稳定进行衡量。

此外，还需指出的是，本书所指的客户都是对企业具有经济重要性、战略重要性或能为企业提供竞争优势所需资源的客户（即大客户）。企业不可能满足市场上所有客户的需求，核心客户关系的管理才是企业管理的重点。大客户能为企业提供有价值的信息（Patatoukas，2012），有利于促进企业供应链整合，改善企业经营状况，降低企业风险（陈峻等，2015），是企业重要的社会资本。但现有研究还未对大客户的概念形成统一的标准，本书借鉴以往研究，将大客户定义为销售额占企业销售总额大于或等于10%的客户（Campello 和 Gao，2017）。

2.2　文献综述

2.2.1　创新投入的影响因素研究综述

研发投资是一种特殊的投资活动，与其他投资活动相比，研发投资具有投资规模大、周期长、不确定性高、风险大、调整成本大等特点。而且研发过程受诸多因素的影响，包含技术、财务状况、生产、管理等企业内部风险因素，也包括市场、政策、社会等外部风险因素。研发活动大多需要"精心"策划。若研发过程因投资不足等问题中断或中止，引发技术泄密、团队流失等问题，对企业价值可能造成惨重的损失（Himmelberg 和 Petersen，1994），故研发投资对持续性的要求更高（Brown 和 Svenson，1988）。

资金支持是研发投资的关键，本书将从资金层面（见图 2-2）对创新投入的现有文献进行梳理和回顾。

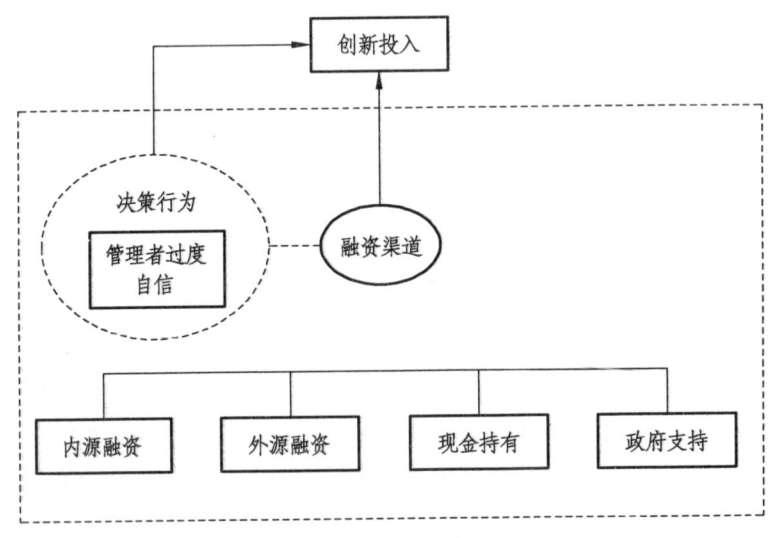

图 2-2　创新投入关系图

1. 融资结构与创新投入

Grabowski（1968）对美国企业研究表明，企业内部资金与研发投资显著正相关。从风险角度来看，研发投资的风险性较高，短期内很难获得与普通投资接近的回报，投资结果也很难预测，同时，创新投入还存在较高的转换成本，需要长期稳定的资金支持，会导致外部投资者更高的风险溢价。因此，基于融资优序理论（Myers，1984），学者们得出结论，内部资金对创新投入最为重要，是研发投资的主要资金来源（Himmelberg 和 Petersen，1994；Czanitzki 和 Hottenrott，2011）。Kamien 和 Schwartz（1978）认为，企业利润和资金累积作为内源融资，对企业创新投入有显著影响。唐清泉和徐欣（2010）通过对中国上市公司的实证研究发现，由于研发投资造成的信息不对称问题，R&D 投资对企业内部资金存在依赖性。

也有学者得出了不同的结论。解维敏和方红星（2011）、李汇东等（2013）认为，内源融资和外源融资对企业研发投资均有正向影响。但不同的是，解维敏和方红星（2011）认为内源融资贡献更大，而李汇东等（2013）认为外源融资的促进作用更大。Acharya 和 Xu（2017）表明，对外源融资依赖程度更高的行业，创新投入更多。大多数学者们认为，外源融资可以分散研发投资的风险。

从研究进程来看，研究初期，学者们大多认为内源融资是研发投资的主要资金来源。随着研究的深入，学者们逐渐向外源融资倾斜，认为外源融资对创新投入的影响更大。学者们对外源融资与创新投入的关系研究大多将外源融资进行了细分，研究重点包括债权融资和股权融资。近年来，随着供应链金融的快速发展，商业信用与创新投入的关系也开始受到学者们的关注。

Hall（1992）认为，企业财务杠杆率和研发支出存在负相关关系。Bad 和 Dumontier（2001）发现，研发强度大的企业，其负债水平较低。Hadlock 和 Pierce（2010）、鞠晓生等（2013）认为，企业债务融资会抑制企业创新投入。但 Aaboen et al.（2006）对瑞典高新技术企业的调查表明，企业债务融资与创新投入正相关。唐清泉和巫岑（2015）实证研究发现，债务融资能缓解创新投入的融资约束。也有学者认为，债务融资对企业创新投入影响不显著（李汇东等，2013）。可见，学者们对债权融资与创新投入间的关系并未形成统一的结论。

Aghion et al.（2004）发现，股权融资越高，创新投入越高。Rammer et al.（2009）认为，股权比例与创新投入成正相关关系。Brown et al.（2009）利用欧拉方程推导发现，股权融资是创新投入的重要融资来源。总结而言，大多数学者都认为股权融资是企业创新投入的资金来源。

学者们还对债权融资和股权融资两种方式进行了比较。Hall（2002）发现，与债权融资相比，企业创新投入更倾向于股权融资。Hsu et al.（2014）认为，股权融资促进企业创新，但债权融资却对创业创新有抑制作用。

商业信用是企业的新型融资渠道，一定程度上对企业融资具有重要作用。Bonte 和 Nielen（2010）指出，规模较小、受融资约束的企业，商业信用能促进企业创新，对企业技术创新具有推动作用。但于波和霍永强（2020）认为，商业信用在一定程度上能促进创新投入，但超过临界值则会产生抑制作用，表现为倒"U"形关系。

可见，随着创新投入需求的不断提升，内源融资已无法满足企业创新投入所需资金，企业需要通过外源融资以维持创新投入资金的持续、稳定，外源融资对创新投入的影响越来越大。

2．现金持有与创新投入

Kamien 和 Schwartz（1978）认为，有创新需求的企业会持有更高的现金。Kim et al.（1998）发现，因信息不对称，为资助创新投入，企业偏好持有更多的现金。Schroth 和 Szalay（2010）表明，现金持有对企业创新具有重要的影响，因而应储备充足的现金以保证企业技术创新。Brown 和 Peterson（2011）和 Shin 和 Kim（2011）均认为，现金储备降低了企业研发投资的波动。Bates et al.（2009）也表明，研发密集型企业的现金持有量比其他企业更高。蒲文燕和张洪辉（2016）发现，企业创新投入与现金持有、超额现金持有呈正相关关系。卢馨等（2013）对高新技术企业研究发现，现金不足的企业存在研发投资现金敏感性。可见，学者们普遍认为创新投入较多的企业会保持更高的现金持有率。

学者们还发现，现金持有可以作为"资金缓冲池"，起到平滑研发投资的作用。研发平滑的概念由 Brown 和 Petersen（2011）首次提出，他们证实了企业持有现金能平滑创新投入。徐进和吴雪芬（2017）指出，现金持有具有平滑研发支出的作用。韩鹏和唐家海（2012）对是否存在融资约束的企业研究发现，存在融资约束的企业现金持有研发平滑动机更显著。但 Sasidharan et al.（2015）认为，企业储备现金进行研发平滑的动机不强烈。杨兴全和曾义（2014）也表明，现金持有的平滑效应只在小规模的民营企业显著。

学者们还认为，现金持有提升了企业研发绩效（Pinkowitz 和 Williamson，2007；Bates et al.，2009）。但余宜珂等（2020）却认为，现金持有水平越高，企业技术创新绩效越差。娄祝坤等（2019）对集团现金分布与创新绩效研究发现，母子公司间的现金分布越分散，集团绩效越差，且国有企业会加剧这种不利影响。

企业现金持有可以缓解融资受阻或资金短缺时研发资金的紧张，避免研发中断或中止造成的巨额损失，因此多数学者认为企业现金持有有助于创新投入且能起到平滑研发的作用，但现金持有是否有助于创新绩效还未得到统一的结论。

3．政府支持与创新投入

政府支持包括政府财政补贴和税收优惠，即直接和间接两种方式，是企业获取资金的第三种渠道，也是企业研发投资的重要资金来源。政府补贴和税收优惠两种方式作用的时间点不同，产生的效果也不尽相同，其对创新投入的影响已成为近年来学者们热议的话题。

学者们对政府财政补贴与创新投入的研究结论大致分为诱导、挤出和混合效应，具体而言：第一，诱导效应。Blank 和 Stigler（1957）较早提出了政府直接补贴的诱导作用，证实政府资助能促进企业创新投入。David et al.（2000）也认为政府资助能诱导企业创新投入。朱平芳和徐伟民（2003）、Czarnitzki 和 Hussinger（2004）、解维敏等（2009）得出了类似的结论，表明政府直接补贴有助于提高企业研发动机，降低研发成本和风险。政府资助能吸引企业研发投资，增加对企业研发的支持有利于提高社会效益，且能促进企业研发成果从而实现经济效益。董静等（2016）区分企业异质性研究发现，企业规模越大，政府资助对创新投入激励作用更显著，且非国有性质的企业能更好地利用政府资助以提升创新水平。第二，挤出效应。部分学者认为，政府直接财政补贴降低了研发产出效率，不利于行业整体的创新投入水平，对研发投资存在挤出作用（David 和 Hall，2000；Wallsten，2000；姚洋和章奇，2001）。李永等（2015）从制度约束角度出发，发现政府 R&D 补贴因制度约束而挤出投资。郭迎锋等（2016）对我国大中型工业企业研究表明，政府的创新资助与企业创新投入存在杠杆效应，且在科研机构中存在挤出效应。第三，混合效应。一些学者认为，政府资助对企业创新投入同时存在"诱导"和"挤出"效应（Howe 和 McFetridge，1976；Görg 和 Strobl，2007）。

政府直接补贴对企业创新绩效的影响结论也不统一。部分学者认为政府 R&D 补贴对技术创新绩效存在积极作用（樊琦和韩民春，2011），但也有学者认为两者的关系并不显著（Koku，2010）。

大多数学者认为，税收优惠对企业创新投入存在激励作用（Bloom et al.，2002；朱平芳和徐伟民，2003；刘放等，2016；吴祖光等，2017），同时有助于企业创新绩效（Cappelen et al.，2012；李维安等，2016）。

周海涛和张振刚（2015）实证分析了直接经费资助和间接税收优惠两种方式与企业创新投入的关系，表明直接资助与创新投入存在挤出效应，而间接资助则表现为杠杆效应。郑春美和李佩（2015）认为，政府补助对企业创新存在激励作用，但税收优惠作用不显著，且可能产生消极的影响。而孟庆玺等（2016）认为，财政补贴和税收优惠对企业创新投入均有激励作用。

可见，大多数学者认为，政府支持无论是直接的财政补贴方式还是间接的税收优惠方式均对企业创新投入存在显著影响，但研究结论还未统一。

4. 管理者过度自信与创新投入

过度自信是一种心理偏差，存在过度自信的管理者更容易低估风险、高估能力，与非过度自信的管理者相比，对研发投资的关注更强烈。Galasso 和 Simcoe（2011）探讨了管理者过度自信对企业创新的影响，实证发现过度自信的 CEO 能提升创新能力。王山慧等（2013）也得出了相同的结论，认为管理者过度自信提高了企业创新投入，且创新型行业中管理者过度自信对创新投资的促进作用更显著。但也有学者认为，管理者过度自信会导致创新战略失调（Chang et al., 2015）。Herz et al.（2014）将过度自信分为乐观型和判断型，发现乐观型过度自信促进了企业创新投资，而判断型过度自信会阻碍企业的创新活动。学者们还发现，管理者过度自信与企业研发产出呈正比（Galasso 和 Simcoe, 2011; Hirshleifer et al., 2012; 易靖韬等, 2015）。

同时，有学者认为，过度自信的管理者会选择更多的股权融资和负债水平，进而进行更多的投资（Ben-David, 2013）。可见，管理者过度自信不仅能直接影响企业的创新投入，还能通过改变企业的融资结构间接影响企业的创新投入。

2.2.2 客户对企业的影响研究综述

大客户，不仅具有经济重要性、战略重要性，还能为企业提供具有竞争优势的资源等。大客户的存在有利于促进供应链整合，改善企业经营状况，降低企业风险（陈峻等, 2015），拥有更好的长期业绩（Johnson et al., 2010）。Patatoukas（2012）指出，企业能从大客户处获取有价值的信息，以促进与客户的联合投资，降低管理费用、销售费用、广告费用，提高存货管理效率和应收账款回收率，提高企业绩效。王雄元和彭旋（2016）发现，客户，特别是大客户越稳定，分析师对企业的盈利预测越准确。客户关系这种"组织资本"无形资产能被资本市场识别并体现在市场价值中，给予更高定价（Gosman et al., 2004）。

近年来，随着供应链关系研究的深入，客户对企业的各种影响研究已经产生了诸多成果，如客户集中对企业绩效、营运活动、成本结构与盈利水平的影响（Chen et al.，2004；Patatoukas，2012；唐跃军，2009），客户集中与存货管理（Ak 和 Patatoukas，2016），盈余管理（Raman 和 Shahrur，2008；程敏英等，2019），IPO 抑价（Johnson et al.，2010；林钟高和林夜，2016），资本结构（Kale 和 Shahrur，2007；陈峻等，2015），商业信用（陈正林，2017），会计稳健性（Hui et al.，2012），金融投资（李馨子等，2019），审计师选择与费用（张敏等，2012），公司信息环境（李丹和王丹，2016），企业成本结构（江伟等，2018），企业成本黏性（王雄元和高开娟，2017），创新投入（孟庆玺等，2018；江伟等，2019）等。

1．客户与企业绩效

Porter（1979）开创了议价能力与企业绩效的研究范式，基于五力模型，发现同行业中，客户越少，其议价能力越强，随着议价能力的提升，客户会迫使企业让出价格，从而损害企业盈利、影响企业绩效。Potrer（2007）认为客户议价能力会影响企业绩效。唐跃军（2009）发现，客户的集中度和议价能力与企业绩效呈负相关关系，且表现为 U 形关系。李欢等（2018）发现，客户集中度对企业绩效的影响取决于客户和供应商之间的紧密程度和相对议价能力，且客户集中度越高，企业绩效越差。可见，从客户议价能力角度，客户集中并不利于企业绩效。但也有学者得出了不一致的结论。田志龙和刘昌华（2015）以中小企业为样本，研究得出客户集中度与企业绩效正相关，且客户议价能力在客户集中度与企业绩效间存在部分中介效应。

随着研究的深入，供应链管理（Supply Chain Management）逐渐成为学者们关注的热点，即企业通过与上、下游企业的合作，优化资源，从而提高企业绩效（Lee et al.，1997）。Fynes（2005）基于供应链关系的协作、信任、承诺、交流、适应性和依赖性六个维度，发现供应链关系对企业绩效具有积极的影响。赵泉午等（2010）考察了供应链伙伴关系对企业绩效的影响发现，客户关系与企业营运绩效和财务绩效均呈正相关关系。Patatoukas（2012）发现，客户集中度与企业绩效呈显著正相关关系。Irvine et al.（2016）在 Patatoukas 的研究基础上，通过对企业与客户的合作年限研究，发现客户集中度在合作早期不利于企业盈利，但在合作成熟期与企业盈利正相关。企业与客户建立稳定的合作关系有助于企业绩效的提升。可见，从供应链管理角度，学者们认为客户集中会提高企业绩效。

从供应链集成角度研究，学者们得出的结论还不统一。Ou et al.（2010）认为，企业与客户的集成不仅有助于企业运营绩效和财务绩效的提高，还能提高客户满意度。供应链整体集成有助于企业间的整合和资源互补（Park et al.，2004），提高生产效率（Kalwani 和 Narayands，1995）和财务绩效（Chen et al.，2004；Flynn et al.，2010；陈正林和王彧，2014）。但 Das et al.（2006）发现，供应链集成并不能提升企业绩效，反而会使企业绩效持续性下降。

也有学者从其他角度对客户集中与企业绩效进行了研究。于茂荐和孙元欣（2014）从专用投资角度出发，发现稳定和持续的企业合作对企业绩效并不显著。黄晓波等（2015）认为，客户集中度上升在资本市场是有利的消息，且能降低企业经营风险，但同时也会降低经营业绩。K. W. Hui et al.（2019）从合作和竞争的角度，发现基于合作假设，客户会促进企业的合作，双方都可从中受益，基于竞争假设，客户集中度与企业盈利能力呈负相关关系，但随着客户与企业合作关系的推进，基于合作假设，这种负相关关系会减弱。

综上可知，客户对企业绩效的影响并未得出一致的结论。从议价能力角度，大多数学者认为两者呈负相关关系，而从供应链管理角度，大多数学者则认为两者呈显著正相关关系。因此，仅以客户集中衡量企业与客户的合作关系并不全面，还应对两者关系进行深入探讨。

2．客户与融资结构

学者们对企业融资结构的研究源于资本结构理论。著名的 MM 理论认为，在完美的竞争市场中，企业价值与资本结构无关。但在现时市场中，竞争环境并不完美，企业的资本结构受企业内部和外部环境的影响（Strebulaev，2007）。Brander 和 Lewis（1986）首次提出，企业在产品市场的行为受企业资本结构的影响，并决定企业的财务决策，这一发现将资本结构的研究带入了新领域。企业的市场竞争与资本结构逐渐成为金融领域的热点话题，学者们普遍认为产品市场竞争对企业资本结构存在显著的影响（李曜和丛菲菲，2015）。客户是企业供应链的重要组成部分，企业所处的产品竞争程度决定企业的"话语权"，并影响企业的经营效益和风险（陈正林，2016）。若企业所处行业竞争程度激烈，属于买方市场，则企业会提供更多的商业信用以寻求合作，即形成债权。已有学者研究发现，客户集中度会影响企业的融资成本（Dhaliwal et al.，2016）。近年来，客户对企业融资结构的影响逐渐成为金融领域研究的热点。

企业与客户建立紧密的合作关系，客户的业绩对企业具有显著的联动性（Hertzel et al.，2008），这种影响会改变企业获得贷款的条款。因此，企业与客户的关系是银行在授信决策过程中予以考虑的重要因素。目前学者们对客户关系与企业银行借款的研究大多从客户集中度的角度出发，并未形成统一的结论。

王迪等（2016）认为，客户作为一类普遍的社会资本，客户与企业的亲密关系缓解了银行授信决策过程中的信息不对称，客户集中度越高，企业的银行借款能力越强，且客户给企业带来的借款优势在企业议价能力较高时表现得更为突出。李欢等（2018）发现，企业银行贷款规模与客户集中度呈正相关关系，大客户是银行对企业判断的依据，其正向作用大于潜在的负向作用，供应链资源能够帮助民营企业缓解融资约束。但Campello和Gao（2017）表明，客户集中度越高，银行贷款利率越高，企业被要求的抵押资产和限制性契约条款越多，贷款期限结构越短。但他们的研究同时也发现，客户集中度的提高，会拉近企业与银行间的关系。江伟等（2017）通过对中国上市公司的研究，发现随着客户集中度的上升，企业的长期银行贷款先逐渐增加，随后逐渐降低，两者之间存在倒U形的非线性关系；当第一大客户为民营企业时，第一大客户销售份额与企业长期银行贷款之间的相关性更强。

学者们对客户与股权融资的研究还较少。从股权融资成本角度，有学者认为产品市场竞争较为激烈时，客户集中度与股权融资成本呈正相关关系（周冬华和王晶，2017）。Dhaliwal et al.（2016）也认为客户集中度的风险效应提高了股权资本成本。

商业信用是企业向客户销售产品（或提供服务）但未同步收取款项所形成的债权，财务上表现为企业为客户提供了融资服务。Schwartz（1974）认为，如果企业具有融资优势，其为客户提供商业信用，能降低融资成本。因此，低融资约束企业将其所获得的银行信贷以商业信用的形式转移给高融资约束的客户，商业信用起到资金的二次配置作用（Jain，2001）。同时，基于竞争理论，Van Horen（2007）发现，企业通常会迫于买方势力而"被迫"为客户提供商业信用。强势买方依靠自身的竞争优势要求企业为其提供商业信用，且这种现象对信息披露和产品质量不透明的企业尤为明显（Fabbri和Menichini，2010），越是具有谈判优势的客户享受的商业信用越多（Fabbri和Klapper，2016；张新民等，2012）。行业竞争也会促使企业为客户提供商业信用以便锁定客户，商业信用成为战胜竞争对手的手段（Fabbri和Menichini，2010；余明桂和潘洪波，2010）。陈正林（2017）发现，客户集中度越高，企业为客户提供的商业信用越多；在上下游竞争和行业竞争共同作用下，非国有控股公司提供的商业信用更多。

综上可知，客户集中对企业银行借款、商业信用和股权融资均存在显著影响。基于风险和竞争视角，学者们大多认为客户集中会提高股权融资成本和商业信用，而对银行借款的影响还未得到一致的结论。客户稳定与融资结构的关系还需进一步探讨。

3．客户与现金持有

学者们普遍认为，现金持有存在两种动机，即交易性动机和预防性动机。交易性动机是指为了满足企业日常经营运转如材料采购、员工薪酬、税费等需要支付现金的各种情况，避免因现金短缺造成清算资产，而持有的现金。预防性动机则是指企业为应对宏观经济环境或生产过程中的一些意外性支出而储备的现金。影响企业的现金持有行为因素众多，有企业风险、融资约束、市场竞争等，而这些因素大多对企业与客户的合作关系存在显著影响，客户对企业现金持有的影响逐渐成为学者们热议的话题。

基于交易性动机，客户集中度越高或客户关系波动性越大，企业会为客户提供更多的商业信用，从而使企业增加现金持有水平，这种正相关关系在存在融资约束的企业中更明显（史金艳和秦基超，2018）。

基于预防性动机，学者们主要从风险和市场竞争两方面进行了研究。在风险层面，当客户集中度较高时，企业对客户依赖性增强，若客户出现财务危机，或企业失去客户，势必严重影响企业营业收入，导致企业减少当期和预期的现金流量，加剧企业陷入财务困境的可能性（Hertzel et al.，2008；Dhaliwal et al.，2013）。在市场竞争层面，企业希望和客户建立持续长久的合作关系，但是为了预防客户临时性违约而给企业造成不必要的损失，企业会持有更多的现金，即客户集中度越高，企业的现金持有量越高（Banerjee et al.，2008；Itzkowitz，2013；Bae 和 Wang，2015）。

综上可知，无论从交易性动机还是预防性动机角度，客户集中对企业现金持有行为均存在显著影响，且研究结论大多认为客户集中度与现金持有呈正相关关系。

4．客户与管理者过度自信

目前，客户与管理者过度自信的研究还较少。从管理者过度自信对企业的作用机制来看，过度自信的管理者会高估企业的资源（Li 和 Tang，2010），客户作为企业重要的外部资源，对企业的盈利、绩效等方面产生显著影响。企业与客户建立的稳定关系，形成重要的社会资本，让管理者更可能高估企业的资源状况。

2.2.3 客户与创新投入研究综述

近年来，随着企业竞争的逐渐增大，创新成了企业提升竞争力的法宝，如何提升企业的创新投入一直是国内外学者热议的话题。传统的资源观将企业不可替代、不可交易的异质性资源作为企业竞争的优势，认为企业内部是企业资源的主要来源，因此学者们大多基于企业内部因素如财务、生产、管理等方面对企业技术创新进行探讨。随着组织间资源理论的兴起，学者们发现企业资源是建立在企业所处网络组织之上的，即企业关系中的组织网络才是企业经济活动的基础，而这种关系也是企业获取必要资源、知识和保持竞争优势的先决条件（Morgan 和 Hunt，1999）。创新影响的外部因素（技术、市场等）逐渐受到学者们的重视。如何通过沟通、竞争、合作、整合等方式协同创新，成为企业外部获取资源的关键。因此，无论从创新管理还是创新资源角度，企业的聚焦点都应从企业自身向供应链主体转移，供应链对企业创新的影响已不容忽视。

首先，基于协同合作层面，供应链合作过程中的资源整合，有助于提升合作绩效，协同创新使企业快速响应市场变化，有利于提升供应链价值创造、提升整体竞争力。其次，基于信息共享层面，供应链企业间的信息整合，有助于企业更准确地获取市场信息，提高信息资源处理效率，降低生产成本，提升供应链价值。最后，基于共同价值层面，企业与客户的紧密合作，使二者形成合二为一的整体，形成价值共创的形式，有助于提高客户满意度，促进市场高效运行，提升供应链整体价值。

从供应链管理视角，已有大量文献证实，供应链上下游的供应商和客户均对企业创新具有显著影响。为解决企业创新投入的资金来源问题，探讨如何保障创新投入的稳定资金，本书以供应链下游客户为出发点，探讨其对创新投入的影响。

学界对客户在技术创新中发挥作用的关注，始于 Hippe（1986）的研究，他发现，为满足客户需求，企业会分析客户的偏好和产品要求，客户对企业技术创新具有重要作用。为获取创新成功，企业需要与供应链上、下游形成合作。客户在企业技术创新中的作用逐渐成为研究的热点。

Matsumura 和 Schloetzer（2018）认为，企业通过与客户签订合同，从客户获取市场需求信息并增强企业自身的技术水平。企业从客户获取的这些资源有助于激发企业开发新产品，帮助企业了解行业技术趋势和提高技术能力（Jasnen et al.，2006；张耀辉和彭红兰，2010）。AK 和 Patatoukas（2016）表明，企业为吸引或留住客户，会增加创新投入，提高产品质量。徐可等（2015）对高新技术企业研究发现，供应链企业间的关系质量对创新成效有显著影响。Chu et al.（2019）也认为，客户与企业的关系程度对企业创新有显著影响。此外，学者们还发现，客户对企业创新绩效、新产品上市速度等方面也有积极的影响（李刚等，2014）。

但也有学者得出不同的结论。Ernst et al.（2011）、孟庆玺（2018）认为，因融资约束和经营风险的存在，客户集中度对企业创新投入存在阻碍的影响。方红星和严苏燕（2020）发现，客户集中度与创新投入呈显著的"U"形关系。而 Campbell 和 Cooper（1999）认为，客户集中度对企业创新绩效的影响并不显著。

随着研究的深入，越来越多的学者开始关注客户参与企业创新，更强调从客户或使用者的角度对产品进行创新，客户参与产品研发和设计以满足客户需求，实现企业与客户共同创造价值。此时，客户就是企业的外部创新资源，企业与客户共同创造有助于企业竞争力的提升，提升企业创新成功率（Gales 和 Mansour，1995）和企业创新绩效（Lettl，2007；马文聪和朱桂龙，2013）。

可见，大多数学者认为客户对企业创新存在积极影响，但研究结论还未统一，特别是基于资金层面，研究还不完善。

2.3 文献评述

从以上学者的研究可以看出，现有文献分别对创新投入与客户的关系进行了大量的研究，分析了创新投入的影响因素、客户对企业的影响。随着研究的深入，学者们逐渐意识到客户在企业创新中发挥越来越重要的作用。客户不仅能为企业提供市场信息、带来创新资源，也是企业重要的利益相关者，对企业的融资具有显著影响。关于客户与创新投入的研究，学者们已取得了大量的研究成果，但仍存在以下方面的问题亟待解决。

第一，从创新投入资金层面，学者们大多认为融资结构、现金持有、政府支持和管理者过度自信均对创新投入存在显著影响，但并没有得出一致的结论。原因可能是，融资结构、现金持有和管理者过度自信等融资渠道和决策行为的影响因素较多，如企业经营状况、融资约束等。而且行业的技术需求差异也较大，现有研究大多忽略了这一重要因素。因此，如何保障创新投入的资金稳定值得深入的分析研究。

第二，目前对客户关系的研究大多以客户集中度作为衡量指标，研究还不全面，客户对创新投入的影响机制并未厘清，文献较为缺乏。因此，从不同角度对客户与企业的合作关系进行衡量，全面系统地考察客户稳定与创新投入的关系，具有重要的理论和现实意义。

第三，学者们已证实客户对融资结构、现金持有等方面均存在显著影响，且融资结构、现金持有等是创新投入重要的资金来源，但现有研究还未将客户、融资渠道、创新投入相结合，即从供应链管理角度，探讨客户通过对企业融资的影响如何间接作用于企业创新投入。

总之，客户稳定与创新投入仍是学术界研究的热点。本书以我国制造业上市公司为研究样本，对客户稳定与创新投入影响机制进行深入研究，力求为理论和实践研究提供进一步的参考和支持。

第 3 章　客户稳定与创新投入

3.1　客户稳定影响创新投入的机理分析

不论是新古典增长理论还是新增长理论，都认为技术进步是一个国家或地区经济持续增长的根本动力，而创新则是实现技术进步的主要手段（Romer, 1986）。企业创新不仅能创造新产品、新工艺，也能通过改善企业管理水平和组织结构来提升生产效率，帮助企业获得竞争优势，实现企业业绩持续增长。提升企业的创新能力，则需要企业在研究开发方面持续投资。2000—2015 年，我国创新投入占 GDP 比重从 0.9% 上升到 2.07%，研发费用支出总额从 2000 年的不足 900 亿元增加到 2015 年的 14 000 多亿元，年均增长幅度超过 10%，可以说中国已经从一个研发"小"国变成一个研发大国，但与美国、德国、芬兰等研发强国相比还有较大差距。近年来，企业创新投入的影响因素逐渐成为学术界研究的热点，学者们从企业特征（Galende 和 La, 2003）、公司治理（Hitt et al., 1996）、外部环境（Varsakelis, 2001; Bloom et al., 2002）、融资约束（Aghion et al., 2010）等多个方面对企业创新投入进行了大量研究。

2014 年 12 月，"中国制造 2025" 这一概念被首次提出。随着"中国制造 2025"的实施，我国愈发意识到未来中国制造业发展中技术突破的重要性。但创新活动投入期较长，涉及资金较多，一旦失败，企业将遭受沉重打击。随着政策的推动，中国制造业面临新的挑战和机遇，如何提升创新投入以全面增强企业竞争力成为面临的新问题。

客户特别是企业的重要资源，对企业而言具有经济重要性、战略重要性，能为企业竞争提供所需资源。企业与客户的稳定关系，不仅能帮助企业降低各项费用、提高存货管理效率和应收账款回收率，还能为企业提供有效的市场信息（Patatoukas, 2011）。近年来，学术界对客户集中产生的经济后果做了大量研究，涉及客户集中度与企业投融资、现金持有、经营风险、资本市场行为等多个方面（Hertzel et al., 2008; Hui et al., 2012; Itzkowitz, 2013; Dhaliwal et al., 2016）。那么，客户关系能否对企业创新投入产生影响？客户主要从哪些方面影响企业创新投入呢？

本书将通过理论分析来探讨客户与企业创新投入的关系。

3.1.1 直接影响

1．客户需求

客户是企业存在的关键因素，企业想获取客户的满意度和认可度，就必须清楚地认识客户的需求以及潜在需求，从而开发出更适合客户的产品和服务。随着产品的不断发展，客户的选择与日俱增，市场主体由传统的卖方市场逐渐向买方市场转变，逐渐形成了以客户为中心、满足个性化需求等的创新管理（Michael，1993）。客户参与企业创新，有助于企业了解客户需求，培养客户的忠诚度，帮助企业改善产品市场表现、提升业绩，也能使企业形成差异化的竞争优势。同时，无论是产品开发还是创新服务中的客户参与，都能让客户最大限度地发挥作用，对企业新产品的开发和设计起到积极的调节效应。因此，客户需求是企业创新的导向。

2．价值创造

供应链价值创造是以企业为核心，通过组织、协调，与客户配合，优化和配置创新资源，使创新活动服务于整个供应链利益，以达到创新战略目标的过程。这个过程是一种资源的整合，包括外部创新资源和企业内部资源的融合，其中外部创新资源来自客户，即通过客户获得价值，提高创新绩效，降低创新风险。因此，价值创造是企业创新的动力。

3.1.2 间接影响

企业创新投入不同于普通投资，需要长期稳定的资金投入。由企业现金流量表可知，企业现金流可划分为经营、筹资和投资三部分。具体分析如下：

1．经营活动产生的现金流量

经营活动主要包括销售商品、提供劳务、购买商品、支付职工薪酬、支付税费等，经营活动产生的现金流量净额是对企业经营状况最直观的反映。而销售商品、提供劳务收到的现金则直接来源于客户。客户的议价能力、为客户提供的商业信用、客户的财务状况等均对现金收入有直接影响。因此，企业与客户的合作关系对企业的现金收入的影响不容忽视。

2．筹资活动产生的现金流量

银行借款是企业重要的债务融资渠道，提出借款请求的企业会受到银行的审查，银行审查必然包括企业财务状况、盈利稳定性、信用情况等。财务状况、盈利稳定性与企业和客户关系存在必然联系，因而客户已成为企业重要的关系资本，在银行借款中起到关键作用。同时，随着经济的发展和金融体系的完善，商业信用融资、供应链融资等筹资方式也成为企业重要的融资途径。但商业信用融资和供应链融资更强调企业的信用及供应链整体绩效，因此，企业与客户的关系是企业筹资的关键因素。

资金约束是企业创新公认的瓶颈（Hall 和 Lerner，2010），客户会通过影响企业资金间接作用于创新投入。

综上，客户对创新投入的影响机理如图 3-1 所示。

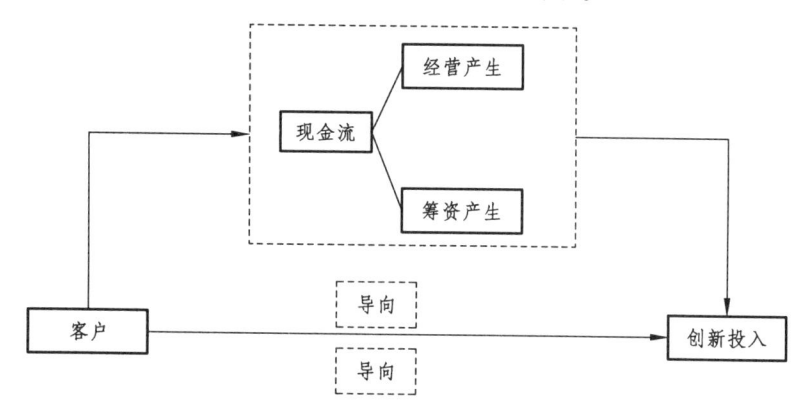

图 3-1　客户对创新投入的影响机理

鉴于此，针对创新投入的现实需求和已有相关理论研究的不足，本书基于供应链管理理论，通过理论研究和实证研究，从客户集中度、客户集中度波动和客户变更三个不同角度来衡量客户稳定，探究客户稳定对企业创新的影响路径及差异；区分不同要素密集度企业，探讨客户稳定影响创新投入的差异；探讨"中国制造2025"实施前后的差异，以期全面揭示客户稳定对企业创新投入的影响，丰富供应链管理相关理论，并为企业创新活动提供实践指导。

3.2　理论分析与研究假设

3.2.1　客户稳定与创新投入

创新活动不同于普通的投资活动，其目的在于尝试新的经营模式，开发新技术、新产品或者新服务等，但投资结果难以预测，具有高风险性、信息不对称、商业化周期长等特点，受到企业自身特征、行业、法律因素、市场竞争等微观和宏观视角诸多方面的影响。其中，已有文献证实，供应链下游客户对企业创新活动具有重要的影响，但客户关系对创新投入的影响还未得到统一的结论。从合作关系角度出发，客户稳定对企业创新投入的影响有如下方面。

第一，客户是企业除投资者之外最重要的利益相关者，是企业利润的来源和生产的基础，企业与客户的稳定、紧密关系有助于企业降低管理费用、销售费用等交易成本，提高企业存货管理效率和应收账款回收率（AK 和 Patatoukas，2016）。长期的合作更容易激励客户介入企业的生产和经营活动（Lettl，2007），企业的盈利预测会更准确（Gosman et al., 2004），有助于企业长期稳定的发展。

第二，从社会关系理论视角，供应链关系可以作为一种社会资本进行研究，而社会资本的一种表现就是供应链集中（Cousins et al., 2006）。客户集中是企业与客户建立信任关系的一种社会资本，投资者会将其视为供应链资源整合的积极信号，且作为无形资产被资本市场识别并体现在市场价值中，进而给予更高的定价（Gosman et al., 2004）。利用这种社会资本，保持稳定的客户集中，有利于企业降低信息的不对称性，改善企业的评估状况，从而帮助企业获取银行借款、降低权益资本成本，有助于企业缓解融资约束。

第三，客户集中度较高时，企业与客户的利益更趋于一致。企业通过客户获取有效的市场信息，了解行业技术趋势与客户需求，有利于降低企业对新产品市场调查的成本。同时，企业与客户建立信任的合作关系，会促使客户参与企业的创新活动，有针对性地开展技术创新，降低创新活动失败带来的风险。

以上分析表明，企业与客户的稳定合作关系，不仅体现为客户集中度，还包括客户集中度的波动和客户变更情况。企业与客户维持稳定的合作关系，会降低交易成本、缓解融资约束、了解市场需求、减小创新活动失败的概率，这些因素都会增加企业的创新热情，提升企业的创新投入。基于上述分析，本书提出假设 H_{1a}、H_{1b} 和 H_{1c}：

H_{1a}：客户集中度越高，企业创新投入越高。

H_{1b}：客户集中度正向波动越大，企业创新投入越高；客户集中度负向波动越大，企业创新投入越低。

H_{1c}：客户变更程度越大，企业创新投入越低。

3.2.2 客户稳定、要素密集度与创新投入

根据要素密集度，制造业划分为劳动密集型行业、资本密集型行业和技术

密集型行业三个行业，分别对应劳动密集、资金密集和技术密集，不同行业面临的经营风险、财务风险及融资需求均不同。从定义可知，技术密集型行业属于高技术产业，技术知识占比较大，而劳动密集型行业和资本密集型行业分别以劳动力和资本为主要生产结构，技术知识需求较低。

在关于创新投入的研究中，学者普遍认为创新投入存在行业差异，高科技行业的创新投入强度与传统行业存在显著差异。但随着"中国制造2025"的推进，技术创新成为我国制造业的转型重点。传统劳动密集型和资本密集型行业也需要在技术水平支持下逐渐转型升级，满足市场的多样化和个性化。不同于对技术要求较高的技术密集型行业，面对风险较大、周期较长的创新活动，劳动密集型和资本密集型行业的创新投入受到限制的可能性更大，企业经营状况、融资能力等资金保障是企业对创新投入决策的关键。因此，在探讨客户稳定与创新投入关系的同时，应考虑要素密集度的影响。按要素密集度分类，技术密集型行业对创新投入的需求最高（尹美群等，2018），且其创新能力可能直接影响企业与客户的合作关系；而劳动密集型和资本密集型行业则会根据企业经营状况做出创新投入，因此劳动密集型和资本密集型行业较技术密集型行业而言，其创新投入受资金约束的影响更大。

H_2：客户稳定对创新投入的影响在劳动密集型和资本密集型行业要大于技术密集型行业。

3.3 研究设计

3.3.1 样本选择与数据来源

我国证监会于2011年修订了上市公司公开披露内容，要求强化对供应商、客户信息的披露，鼓励企业披露前五名客户和供应商名称、销售额，同时考虑新冠肺炎疫情对我国制造业产生的影响。本书选择我国2011—2019年制造业上市公司作为初始研究样本，为避免内生性的影响，客户稳定数据滞后一期。按照以下标准对初始样本进行了剔除：① 剔除了ST的公司；② 剔除了财务数据异常的公司；③ 剔除了财务数据缺失的公司；④ 剔除了客户集中度总额比例小于10%的公司。本书研究数据均来自上市公司年报和CSMAR数据库，其中客户稳定和创新投入数据通过手工整理获得。为了消除极端值的影响，本书对连续变量按1%水平进行Winsorize处理。

3.3.2 变量定义

1．被解释变量：创新投入

衡量企业创新投入的主要指标有以下两种：一是绝对指标，即研发经费总额；二是相对指标，即创新投入强度。在现有文献中，创新投入强度大多用研发投入/总资产、研发投入/主营业务收入和研发投入/企业市场价值三种方式进行衡量。

虽然研发投入的绝对额才能真实反映企业的创新投入状况，但是不同规模、行业的企业之间的创新投入存在较大差距，研发投入的绝对额可比性不强。相对而言，研发投入强度更具有可比性。由于我国上市公司的市场价值无法准确计量，排除研发投入/企业市场价值这种方法。而对于债务较多的企业，总资产也不能真实反映企业的财务状况。创新投入需要企业的资金支持，企业的营业收入是企业获取现金流的主要来源，因此本书参照唐清泉和巫岑（2015）的做法，采用 t 期研发投入与年初（$t-1$ 期）主营业务收入的占比来衡量创新投入（Innovation1），并作为本书的被解释变量。同时，为了研究的稳健性，采用研发投入变化值来衡量企业创新投入（Innovation2）。

2．解释变量：客户稳定

现有文献中，对客户的衡量并没有一致的方法。以往研究中，大多使用客户的销售额占公司销售总额的比例（Patatoukas，2011）。Yang（2017）以客户占企业销售总额是否超过 10% 作为客户关系强弱的判断标准，因此本书剔除了客户集中度总额小于 10% 的样本公司，并采用以下四种方法对客户稳定（Customer）进行衡量。

第一种方法，使用主要客户的销售额占公司销售总额的比例（CustomerSales）作为衡量指标。计算公式如下：

$$\text{CustomerSales}_i = \sum_{j=1}^{n_i} \%\text{Sakes}_{ij} \quad (3\text{-}1)$$

式中，n_i 表示企业第 i 个主要客户，$\%\text{Sales}_{ij}$ 是第 i 个客户到第 j 个客户的销售额之和与总销售额的百分比。该指标比例越高，表示企业客户集中程度越高。

第二种方法，采用客户集中度波动（CustomerFlu）作为衡量指标。其计算公式如下：

$$CustomerFlu_{i,t} = \frac{Customer_{i,t} - Customer_{i,t-1}}{Customer_{i,t-1}} \quad (3\text{-}2)$$

|CustomerFlu|越大，表示企业该年度客户集中度较上一年客户集中度的变化越大。为区分客户集中度的增减情况，将 CustomerFlu 分为两组，即大于零或小于零，其中等于零的情况表示两年间客户集中度未发生变化，不符合该指标的定义，故剔除。若 CustomerFlu 大于 0，CustomerFlu1 = CustomerFlu；若 CustomerFlu 小于 0，CustomerFlu2 = |CustomerFlu|。

第三种方法，采用客户变更（CustomerVary）作为衡量指标。选取企业单个客户集中度大于或等于 10% 的样本，并收集其客户名称。分别将客户 i 到客户 j 与上一年客户 i 到 j 进行比较，若有任意客户发生变更则认为客户存在变更情况。设置虚拟变量，若客户变更，取 1，未变更，则取 0。同时，考虑到客户集中度对企业的影响不同，采用虚拟变量与客户集中度的乘积进行衡量，其计算公式如下：

$$CustomerVary = \begin{cases} CustomerSales, & \text{客户变更} \\ 0, & \text{客户未变更} \end{cases} \quad (3\text{-}3)$$

第四种方法，采用前五名客户销售额占销售总额比例的平方和（CustomerHHI）作为衡量指标，并进行稳健性检验。其计算公式如下：

$$CustomerHHI = \sum_{j=1}^{n_i} \%Sales_{ij}^2 \quad (3\text{-}4)$$

3．调节变量：要素密集度

根据生产要素密集度，可以将企业划分为劳动密集型、资本密集型和技术密集型三类。本书借鉴以往研究，根据制造业上市公司 29 个子行业，将制造业分为技术密集型和非技术密集型行业，并设置行业异质性哑变量（FI）。其中，技术密集型制造业包括 C27 医药制造业、C34 通用设备制造业、C35 专用设备制造业、C36 汽车制造业、C37 船舶、航空航天和其他运输设备、C38 电气机械及器材制造业、C39 计算机、通信和其他电子设备制造业、C40 仪器仪表制造业、C41 其他制造业、C42 废弃资源综合利用业；非技术密集型制造业包括 C13 农副食品加工业、C14 食品制造业、C15 酒、饮料和精致茶制造业、C16 烟草制品业、C17 纺织业、C18 纺织服装、服饰业、C19 皮革、毛皮、羽毛及其制品和制鞋业、C20 木材加工和木、竹、藤、棕、草制品业、C21 家具制造业、C22 造纸和纸制品业、C23 印刷和记录媒介复制业、C24 文教、工美、体育和娱乐用品制造业、C26 化学原料和化学制品制造业、C28 化学纤维制造业、C29 橡胶和塑料制品业、C30 非金属矿物制品业、C31 黑色金属冶炼和压延加工业、C32 有色金属冶炼和压延加工业、C33 金属制品业。

4．控制变量

参照以往有关文献，本书针对可能对企业融资行为和创新投入产生重要影响的多个变量进行了控制，包括：企业规模（Size）、企业盈利能力（Roa）、企业成长性（Growth）、股权集中度（Top1）、所有权性质（Ownership）、资产期限结构（PPE）、资产负债率（Lev）和年度（$Year_i$）。

上述变量的具体形式见表 3-1。

表 3-1　变量定义

变量类型	变量名称	变量代码	变量定义
被解释变量	创新投入	Innovation1	$\dfrac{t 期研发投入}{t-1 期营业收入}$
		Innovation2	$\dfrac{Innovation1_{i,t} - Innovation1_{i,t-1}}{Innovation1_{i,t-1}}$
解释变量	客户稳定	CustomerSales	$t-1$ 期前五名客户销售之和占全部销售额的比例
		CustomerFlu1	$\dfrac{Customer_{i,t} - Customer_{i,t-1}}{Customer_{i,t-1}}$
		CustomerFlu2	$\dfrac{\left| Customer_{i,t} - Customer_{i,t-1} \right|}{Customer_{i,t-1}}$
		CustomerVary	变更：CustomerSales，未变更 = 0
		CustomerHHI	$t-1$ 期前五名客户各自销售额占销售总额比例的平方和
调节变量	要素密集度	FI	哑变量，1 表示技术密集型企业，0 表示其他

续表

变量类型	变量名称	变量代码	变量定义
控制变量	企业规模	Size	t 期资产总额的自然对数
	企业盈利能力	Roa	t 期公司净利润与总资产平均余额的比例
	企业成长性	Growth	t 期营业收入增长率
	股权集中度	Top1	t 期第一大股东持股比例
	所有权性质	Ownership	t 期实际控制人的类型
	资产期限结构	PPE	$\dfrac{t期固定资产净额}{t期总资产}$
	资产负债率	Lev	$\dfrac{t期总负债}{t期总资产}$
	年度	$Year_i$	哑变量，1 表示 t 期所属年份，0 表示其他（其中 $i=1,2,3,4,5,6,7$）

3.3.3 研究模型

为了检验客户稳定对创新投入的影响，本书构建如下回归模型进行检验：

$$\text{Innovation}_{i,t} = \alpha_0 + \alpha_1 \text{Customer}_{i,t-1} + \alpha_2 \text{Control}_{i,t} + \varepsilon_{i,t} \quad (3\text{-}5)$$

$$\text{Innovation}_{i,t} = \beta_0 + \beta_1 \text{Customer}_{i,t-1} + \beta_2 FI_{i,t} + \\ \beta_3 \text{Customer}_{i,t-1} \times FI_{i,t} + \beta_4 \text{Control}_{i,t} + \varepsilon_{i,t} \quad (3\text{-}6)$$

模型（3-5）和模型（3-6）主要是用于检验本章的两个假设，验证客户稳定是否影响企业创新投入以及在要素密集型不同的公司中是否存在显著性的差异。其中，模型（3-5）主要用于检验假设 H_1，检验客户稳定对创新投入的影响。模型（3-6）主要用于验证假设 H_2，检验客户稳定对不同要素密集度企业创新投入的影响是否存在差异。

3.4 实证分析

3.4.1 变量的描述性统计

表 3-2 是主要变量的描述性统计结果。

表 3-2　主要变量的描述性统计

变量	均值	标准值	最小值	p25	p50	p75	最大值
Innovation1	0.053	0.040	0.000	0.021	0.041	0.058	0.273
CustomerSales	0.336	0.191	0.100	0.196	0.289	0.442	1.000
CustomerFlu1	0.287	0.455	0.000	0.061	0.148	0.328	6.218
CustomerFlu2	0.164	0.141	0.000	0.058	0.127	0.230	1.000
CustomerVary	0.119	0.181	0.000	0.000	0.000	0.192	1.000
FI	0.576	0.494	0.000	0.000	1.000	1.000	1.000
Size	22.026	1.129	17.641	21.247	21.888	22.653	27.104
Roa	0.033	0.060	-0.244	0.010	0.032	0.062	0.188
Growth	0.232	0.562	-0.632	-0.042	0.109	0.327	3.550
Top1	0.341	0.145	0.034	0.232	0.320	0.429	0.886
Ownership	0.328	0.470	0.000	0.000	0.000	1.000	1.000
Ppe	0.240	0.137	0.021	0.136	0.216	0.322	0.633
Lev	0.415	0.200	0.056	0.255	0.402	0.561	0.930

结果显示，Innovation1 均值为 0.053，最小值为 0.000，最大值为 0.273，而四分之三位数仅为 0.058，说明我国制造业企业间的创新投入存在的差异较大，且创新投入较高的制造业企业数量较少但比值较大。反映客户稳定的几个变量中，CustomerSales 均值为 0.336，最大值为 1.000，客户集中度相差较大；CustomerFlu 中，客户集中度减少的样本企业数量为 4 302 个，高于客户集中度增加的样本企业数量（4 836 个），其中 CustomerFlu1 均值为 0.287，而 CustomerFlu2 均值仅为 0.164，可见，企业客户集中度负向波动的程度小于客户集中度正向波动的程度；CustomerVary 反映了企业变更客户的情况，其均值为 0.119，中位数为 0.000，四分之三位数为 0.192，说明发生客户变更的企业数量小于客户未变更的企业数量。FI 均值为 0.576，说明我国制造业上市公司中技术密集型上市公司的数量多于劳动密集型和资本密集型上市公司。

表 3-3　主要变量的相关系数矩阵

	Innovation1	CustomerSales	FI
Innovation1	1.000		
CustomerSales	0.112***	1.000	
FI	0.300***	0.141***	1.000

表 3-3 是各主要变量的 Pearson 相关性检验结果。从表 3-3 可知，客户集中度与创新投入显著正相关，表明客户集中有助于提高企业的创新投入。要素密集度分别与创新投入显著正相关，表明技术密集型制造业的创新投入比非技术密集型制造业的创新投入高。同时，本书针对模型进行了方差膨胀因子 VIF 检验，其值为 1.23，远小于临界值（=10），表明模型的各变量之间不存在显著的共线性问题。

3.4.2 单变量分析

为了更全面了解客户稳定对创新投入的影响，在进行回归分析之前，本书首先对客户稳定与企业风险、企业特征两方面进行单变量分析，为实证分析奠定基础。

将客户稳定的三个衡量指标即客户集中度（CustomerSales）、客户集中度波动（CustomerFlu）和客户变更（CustomerVary）分别进行排序，并匹配企业风险、企业特征指标，取其平均值。从财务指标来看，企业风险指标包括盈利能力、偿债能力和营运能力，本书分别采用不同指标从这三方面分析客户稳定对企业风险的影响。同时，选取企业规模、第一大股东持股比例和行业分类这三个与客户稳定、创新投入密切相关的指标对企业特征进行衡量。

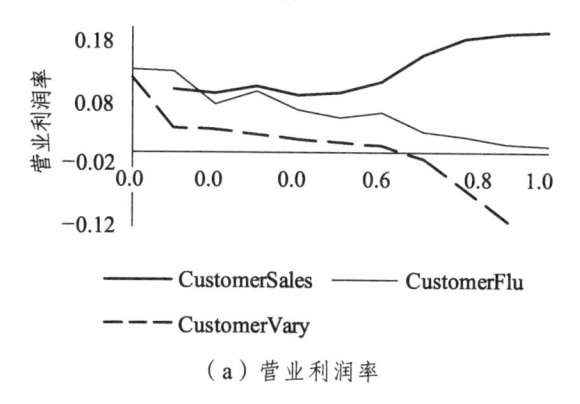

1．客户稳定与盈利能力

采用营业利润率和销售收入增长率两个指标衡量企业盈利能力：营业利润率和销售收入增长率越高，企业盈利能力越强，风险越低。图 3-2 分别为客户稳定与营业利润率（左）和销售收入增长率（右）的关系图从曲线走势可知，客户集中度越高，企业盈利能力越强，但客户集中度波动或客户变更比例越大，企业盈利能力越差，企业面临的风险越大。

（a）营业利润率

(b) 销售收入增长率

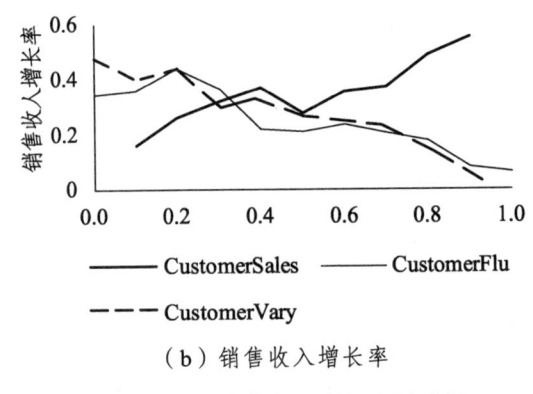

图 3-2　客户稳定与盈利能力关系图

2．客户稳定与偿债能力

采用资产负债率对企业偿债能力进行衡量：资产负债率越高，企业负债程度越高。从图 3-3 可知，三条曲线走势基本一致，均呈上升趋势。具体来看，客户集中度的提高、客户集中度波动的增加及客户变更比例的提高，均会导致企业负债程度升高。以往研究证实，客户集中度越高，企业银行借款能力越强（王迪等，2016），提供的商业信用越多（陈正林，2017），均会造成企业贷款程度更高。而企业与客户稳定发生变化或客户发生变更时，为战胜竞争对手，企业愿意付出更多的商业信用，这成为企业负债程度升高的原因。

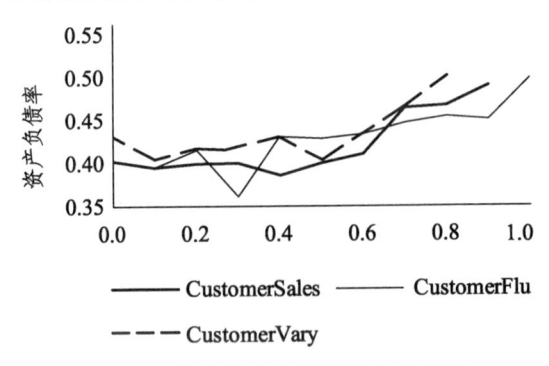

图 3-3　客户稳定与偿债能力关系图

本书认为，资产负债率的增加并不能直接说明企业风险的增加：从银行借款角度，随着客户集中度的增加，客户成为企业重要的社会资本，成为银行授信评估中予以考虑的重要因素，有助于拉近企业与银行间的关系，负债的升高展现了企业借款能力的提高，能有效缓解企业融资约束；从商业信用角度，企业为客户提供的商业信用财务表现为应收账款，随着供应链金融的迅速发展，应收账款质押融资规模不断扩大（江伟和姚文韬，2016），为企业融资带来了新契机，能帮助企业快速获得资金。但企业与客户合作发生变更或波动较大时，排除企业自身原因，也有可能是客户经营状况的问题，因此，不排除企业为规避更大的风险变更或降低与客户的合作关系。此种情况下，企业经营风险增大。因此，客户集中度增加造成的资产负债率升高可能并不会对企业带来更大的风险，但客户集中度波动或变更造成的资产负债率升高可能会加剧企业风险。

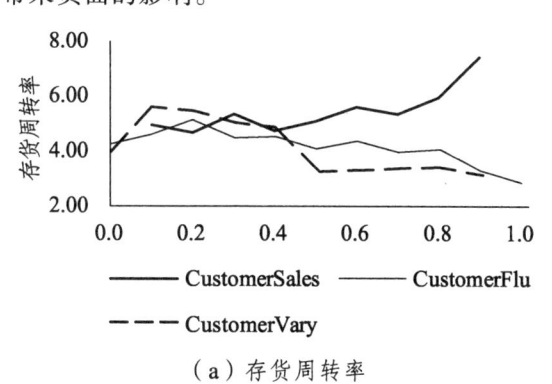

3．客户稳定与营运能力

采用存货周转率和固定资产比例作为企业营运能力的衡量指标：存货周转率越快，企业营运能力越强，但固定资产比例越高，营运能力越弱。从图3-4（a）可知，客户集中度越高，存货周转率越快，但客户集中度的波动和客户变更均会降低存货周转率，造成营运能力下降。不同于存货周转率，图3-4（b）显示，客户稳定与固定资产比例的关系曲线均呈下降趋势，即客户集中度、客户集中度波动和客户变更比例提高，均会降低固定资产比例。但图3-4还显示，客户集中度波动接近0和客户未发生变更时，企业固定资产比例均较低。可见，客户集中度升高或企业与客户关系变化较小时，企业营运能力更强。本书认为，客户集中度波动和客户变更造成的固定资产比例降低，可能是企业为降低风险，提高流动资产，避免因客户面临财务风险、客户中断合作或企业为追加与客户合作而提供更多商业信用等情况下企业资金流的断裂。因此，客户集中度越高、客户未发生变更或波动程度较小时，企业营运能力越强，但客户变更和波动对企业营运能力会带来负面的影响。

（a）存货周转率

（b）固定资产比例

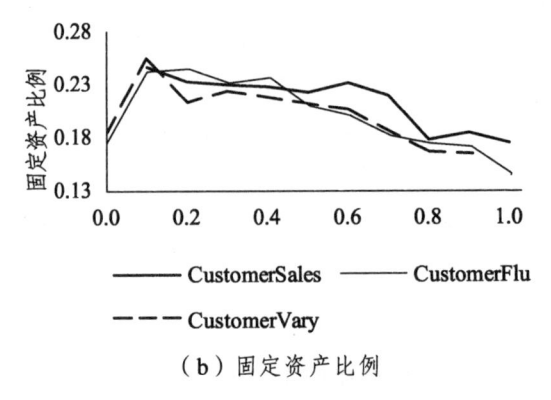

图 3-4 客户稳定与营运能力关系图

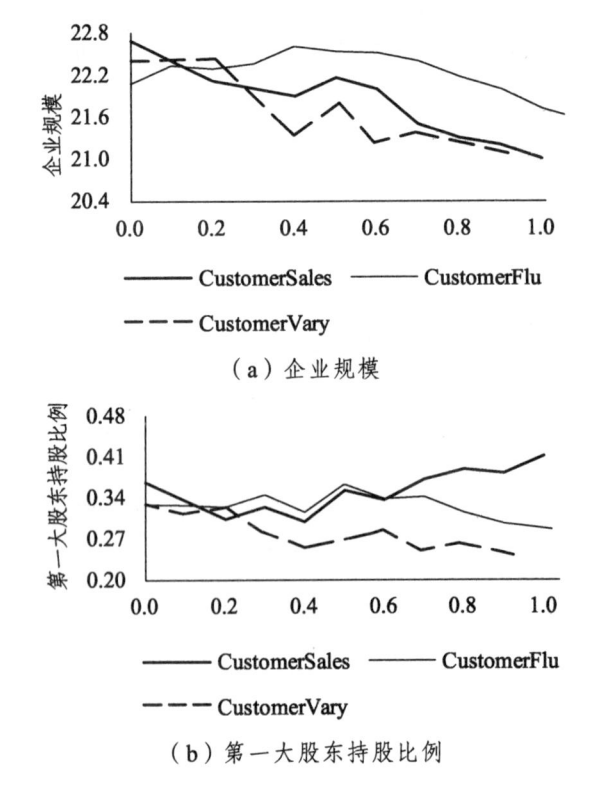

4. 客户稳定与企业特征

图 3-5 分别是客户稳定与企业规模、第一大股东持股比例、所属行业的关系图。从企业规模 [见图 3-5（a）] 来看，客户集中度与企业规模曲线呈下降趋势，即客户更愿意与规模更大的企业合作；且相对于规模更大的企业，规模较小的企业更看重与客户的合作关系。

（a）企业规模

（b）第一大股东持股比例

(c) 所属行业

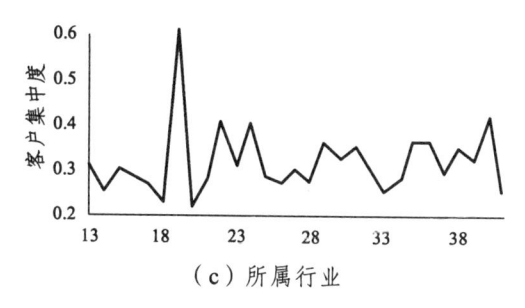

图 3-5 客户稳定与企业特征关系图

图 3-5（b）显示，客户集中度越高、客户集中度波动或变更比例越小，第一大股东持股比例越高。客户为企业带来的不仅是利益收入，同时能带来市场信息，为企业提供利好信息。因此，第一大股东持股比例越高，越看重与客户的合作关系。根据制造业上市公司 28 个子行业，分别对行业代码和客户集中度进行分析。从图 3-5（c）可知，企业与客户的合作关系受行业影响较大，且无规律可循。行业竞争程度各异，是造成企业与客户合作最主要的影响因素。

3.4.3 实证结果分析

分别采用客户集中度、客户集中度波动和客户变更这三个指标对客户稳定进行衡量，利用模型（3-5）对 H_1 进行检验，分析客户稳定对企业创新投入的影响。结果如表 3-4 所示。

表 3-4 客户稳定对创新投入影响的回归结果

变量	全样本 (1)	全样本 (2)	技术密集型 (3)	非技术密集型 (4)
CustomerSales	0.016*** (6.937)			
CustomerFlu1		0.004*** (2.821)		
CustomerFlu2			-0.009** (-2.154)	
CustomerVary				-0.008* (-1.851)
Size	-0.001 (-1.640)	-0.001 (-1.042)	-0.001** (-1.964)	-0.001 (-1.629)
Roa	0.020** (2.245)	0.000 (0.154)	0.000 (0.071)	0.001 (0.068)
Growth	0.012*** (14.840)	0.012*** (10.083)	0.011*** (9.893)	0.008*** (6.874)

续表

变量	全样本 （1）	全样本 （2）	技术密集型 （3）	非技术密集型 （4）
Top1	-0.017*** （-5.465）	-0.020*** （-3.757）	-0.010** （-2.209）	0.000 （0.095）
Ownership	-0.003*** （-2.866）	-0.004** （-2.375）	-0.003* （-1.927）	-0.000 （-0.021）
PPE	-0.026*** （-7.757）	-0.026*** （-5.164）	-0.027*** （-6.034）	-0.034*** （-6.474）
Lev	-0.019*** （-6.872）	-0.021*** （-5.442）	-0.025*** （-7.236）	-0.025*** （-6.491）
Year	控制	控制	控制	控制
Constant	0.073*** （7.445）	0.053 （1.332）	0.054* （1.805）	0.074*** （5.829）
F	51.95	19.18	22.03	15.76
Adj R^2	0.091	0.072	0.081	0.093

注：***、**、*分别表示在1%、5%、10%显著性水平下显著。括号里为 t 统计量，下同。

表3-5 客户稳定对不同要素密集度公司创新投入影响的回归结果

变量	全样本 （1）	技术密集型 （2）	非技术密集型 （3）	全样本 （4）	全样本 （5）
CustomerSales	0.023*** （6.196）	0.002 （0.511）	0.023*** （7.412）		
CustomerFlu				0.007*** （3.056）	
CustomerVary					0.002 （0.324）
FI	0.029*** （16.146）			0.023*** （19.752）	0.025*** （14.947）
CustomerSales×FI	-0.021*** （-4.421）				
CustomerFlu×FI				-0.006* （-1.926）	
CustomerVary×FI					-0.019** （-2.507）
Size	-0.001** （-2.031）	0.001 （0.868）	-0.003*** （-5.591）	-0.001** （-2.179）	-0.001 （-1.333）
Roa	0.021*** （2.614）	0.002 （0.133）	0.051*** （4.791）	0.000 （0.371）	0.002 （1.125）

续表

变量	全样本（1）	技术密集型（2）	非技术密集型（3）	全样本（4）	全样本（5）
Growth	0.011*** (14.505)	0.013*** (12.050)	0.008*** (8.048)	0.011*** (12.800)	0.007*** (6.600)
Top1	-0.013*** (-4.337)	-0.020*** (-4.488)	-0.004 (-0.922)	-0.013*** (-3.780)	0.002 (0.456)
Ownership	-0.003*** (-3.112)	-0.002 (-1.173)	-0.005*** (-3.651)	-0.002** (-2.069)	0.000 (0.193)
PPE	0.001 (0.335)	-0.004 (-0.660)	0.004 (1.022)	-0.005 (-1.289)	-0.011** (-2.055)
Lev	-0.020*** (-7.319)	-0.038*** (-9.423)	0.002 (0.550)	-0.024*** (-9.123)	-0.024*** (-6.539)
Year	控制	控制	控制	控制	控制
Constant	0.054*** (5.674)	0.061*** (4.452)	0.093*** (7.542)	0.032 (1.193)	0.050*** (4.142)
F	83.99	24.60	21.96	64.62	31.26
Adj R²	0.155	0.074	0.088	0.130	0.192

表3-4显示，CustomerSales与Innovation1在1%的显著性水平下显著正相关，即客户集中度越高，企业创新投入越多，H_{1a}得到验证。CustomerFlu1、CustomerFlu2与Innovation1分别在1%和5%的显著性水平下显著相关，但客户集中度正向波动系数为正，客户集中度负向波动系数为负，H_{1b}得到验证。同时列（2）和列（3）中，客户集中度波动与创新投入的系数还显示，CustomerFlu1系数为0.004，而CustomerFlu2系数为-0.009，可见，相比客户集中度增加引起的客户波动，客户集中度降低造成的客户波动对企业创新投入的影响更大。CustomerVary与Innovation1在10%的显著性水平下显著负相关，说明相对于客户没有变更的企业，变更客户比例与企业创新投入呈负相关关系，H_{1c}得到验证。以上分析表明，保持客户稳定，有助于企业创新投入的提升。

表3-5检验了客户稳定对不同要素密集度公司创新投入的影响。可以看出，对于非技术密集型样本，客户集中度和创新投入（Innovation1）表现为显著的正相关关系，说明客户集中有助于企业创新投入；对于技术密集型样本，客户集中度和创新投入的关系为正但是不显著，说明客户稳定对技术密集型上市公司的影响较小。对于全样本，CustomerSales与FI、CustomerFlu与FI、CustomerVary与FI的交互项分别与创新投入（Innovation1）表现为显著的负相

关关系，说明对于技术密集型上市公司，客户稳定对非技术密集型上市公司创新投入的影响较大。不同于非技术密集型上市公司，技术密集型上市公司对创新投入的自身需求更大。因此，面对投资风险较大、周期较长的创新投入时，非技术密集型上市公司对风险、资金等方面的考量会更全面，而客户集中是客户稳定的表现，是公司稳定经营的体现，有助于企业的长期业绩，同时，客户集中度较高时，企业与客户的关系更紧密，利益更一致，从而提升上市公司的创新投入。以上研究结论支持了假设 H_2。

3.4.4 稳健性检验

为检验客户稳定与企业创新投入的稳定性，增强本研究的可信度，本书采取变量替换方式对模型（3-5）和模型（3-6）进行稳健性检验。

（1）用前五名客户销售额占销售总额比例的平方和（CustomerHHI）作为客户稳定的替代变量。

（2）对创新投入衡量指标进行了替换，用第 t 期的创新投入减去第 $t-1$ 期的创新投入除以 t 期创新投入比值（Innovation2）来度量。其值如果大于 0，表示本年度创新投入较上一年度增加；如果小于 0，则表示本年度创新投入较上一年度增加。

将上述两种替代变量分别代入模型，回归结果如表 3-6 和表 3-7 所示。

表 3-6 稳健性回归结果 1

变量	全样本 （1）	全样本 （2）	技术密集型 （3）	非技术密集型 （4）
CustomerHII	0.027*** （3.034）	0.039*** （2.805）	0.004 （0.333）	0.038*** （3.326）
FI		0.034*** （7.035）		
CustomerHII×FI		-0.033* （-1.883）		
Size	-0.001 （-0.957）	-0.001 （-1.140）	-0.000 （-0.036）	-0.002* （-1.904）
Roa	-0.008 （-0.646）	-0.001 （-0.106）	-0.004 （-0.238）	-0.001 （-0.070）
Growth	0.009*** （6.538）	0.008*** （6.031）	0.010*** （5.411）	0.004*** （2.626）
Top1	-0.003 （-0.506）	-0.001 （-0.220）	0.003 （0.301）	-0.005 （-0.851）

续表

变量	全样本 （1）	全样本 （2）	技术密集型 （3）	非技术密集型 （4）
Ownership	0.001 （0.514）	0.001 （0.715）	0.004 （1.484）	-0.002 （-1.033）
PPE	-0.036*** （-6.879）	-0.005 （-1.036）	-0.003 （-0.345）	-0.006 （-1.063）
Lev	-0.021*** （-4.749）	-0.021*** （-5.058）	-0.033*** （-5.033）	-0.009* （-1.749）
Year	控制	控制	控制	控制
Constant	0.066*** （4.337）	0.044*** （2.928）	0.062*** （2.833）	0.061*** （3.415）
F	17.72	42.87	6.66	5.69
Adj R^2	0.053	0.143	0.034	0.034

表 3-7 稳健性回归结果 2

变量	全样本 （1）	全样本 （2）	技术密集型 （3）	非技术密集型 （4）
CustomerSales	0.031*** （4.112）	0.047*** （3.830）	0.016 （1.602）	0.049*** （4.559）
FI		0.022*** （3.726）		
CustomerSales×FI		-0.031** （-1.993）		
Size	-0.004*** （-2.756）	-0.004*** （-2.850）	-0.004** （-2.046）	-0.004** （-2.138）
Roa	0.039 （1.539）	0.041 （1.632）	0.029 （0.828）	0.031 （0.913）
Growth	0.003 （1.070）	0.002 （0.961）	0.007** （2.010）	-0.006* （-1.814）
Top1	-0.005 （-0.478）	-0.003 （-0.249）	0.002 （0.171）	-0.009 （-0.658）
Ownership	0.002 （0.519）	0.002 （0.531）	-0.001 （-0.262）	0.004 （0.907）

续表

变量	全样本 （1）	全样本 （2）	技术密集型 （3）	非技术密集型 （4）
PPE	-0.047*** （-4.418）	-0.032*** （-2.810）	-0.050*** （-2.750）	-0.018 （-1.288）
Lev	0.007 （0.785）	0.007 （0.724）	0.015 （1.134）	-0.003 （-0.266）
Year	控制	控制	控制	控制
Constant	0.236*** （7.546）	0.223*** （7.066）	0.268*** （6.192）	0.195*** （4.501）
F	151.45	130.15	116.19	41.84
Adj R²	0.274	0.276	0.332	0.196

从对解释变量和被解释变量重新衡量进行的两种稳健性检验结果可以看出，客户稳定对企业创新投入存在显著影响，替换变量后的回归结果与之前得出的研究结论基本一致，证实本章的研究结论是有效的、可靠的。

（3）为进一步识别和检验反向因果关系，Helmers et al.（2017）认为通过滞后足够长的期限可以减少反向因果关系的可能性。本书借鉴此方法，将客户集中度分别滞后两期和三期，对模型（3-5）和模型（3-6）进行稳健性检验（见表3-8），研究结论与前文基本一致，说明结果稳健。

表3-8 稳健性回归结果3

变量	滞后2期 （1）	 （2）	滞后3期 （3）	 （4）
CustomerSales	0.012*** （4.071）	0.020*** （4.484）	0.007** （2.159）	0.016*** （3.035）
FI		0.031*** （13.811）		0.030*** （11.149）
CustomerSales×FI		-0.023*** （-4.067）		-0.019*** （-2.871）
Size	-0.001** （-2.206）	-0.001** （-2.498）	-0.002** （-2.578）	-0.002*** （-2.932）
Roa	0.022** （2.175）	0.024** （2.454）	0.018 （1.559）	0.020* （1.731）
Growth	0.012*** （12.086）	0.011*** （11.748）	0.012*** （10.585）	0.011*** （10.081）

续表

变量	滞后 2 期		滞后 3 期	
	(1)	(2)	(3)	(4)
Top1	-0.017***	-0.013***	-0.020***	-0.016***
	(-4.407)	(-3.622)	(-4.373)	(-3.635)
Ownership	-0.003**	-0.002*	-0.001	-0.001
	(-2.012)	(-1.938)	(-0.967)	(-0.838)
PPE	-0.027***	0.001	-0.032***	-0.003
	(-6.668)	(0.344)	(-6.653)	(-0.608)
Lev	-0.017***	-0.018***	-0.018***	-0.018***
	(-5.020)	(-5.407)	(-4.332)	(-4.593)
Year	控制	控制	控制	控制
Constant	0.089***	0.068***	0.097***	0.076***
	(7.245)	(5.663)	(6.753)	(5.402)
F	37.92	63.95	29.70	49.63
Adj R^2	0.079	0.144	0.076	0.140

3.5 "中国制造 2025" 实施前后差异性分析

近年来，随着德国的"工业 4.0 计划"、美国的"先进制造伙伴计划"、欧盟的"未来工厂计划"和日本的"新经济增长战略"，世界各国都在加大技术创新力度，将"制造"推向"智造"，对我国传统制造业形成了根本性的冲击（黄群慧和贺俊，2015）。根据我国证监会对上市公司的行业分类，2019 年 A 股制造业上市公司占比达 62.73%，且新增上市企业中，制造业新上市企业占 A 股新上市企业的比例高达 69.4%。但从我国目前制造业的国际分工来看，制造业仍处于低中端位置，大而不强是我国制造业面临的主要问题。2023 年国务院政府工作报告指出，深入实施创新驱动发展战略，不断推动制造业向中高端迈进。因此，作为我国国民经济主体的制造业，如何适应市场变化，通过技术创新实现未来可持续发展，成为目前我国制造业企业亟待解决的难题。

《中国制造 2025》（国家行动纲领）明确提出了以创新发展为核心，提质增效，全面提升我国制造业的国际竞争力，力争十年，迈入制造强国的行列。面对国际竞争的不断提升，我国制造业未来发展面临重大挑战，"中国制造 2025"是一个具有全局性、长期性、系统性和国际竞争性的工业强国规划（黄群慧和贺俊，2015），明确了未来制造的发展方向，即智能制造和"互联网+"，而创新能力则是制造业转型升级的关键。图 3-6 是 2011—2022 年中国制造业上市公司创新投入与营业收入占比变化趋势图（%）。从图 3-6 中数据可知，创新投入在"中国制造 2025"实施后有明显提升，2020 年制造业受新冠肺炎疫情的冲击，创新投入占比有所下降，2020 年后创新投入再次攀升。

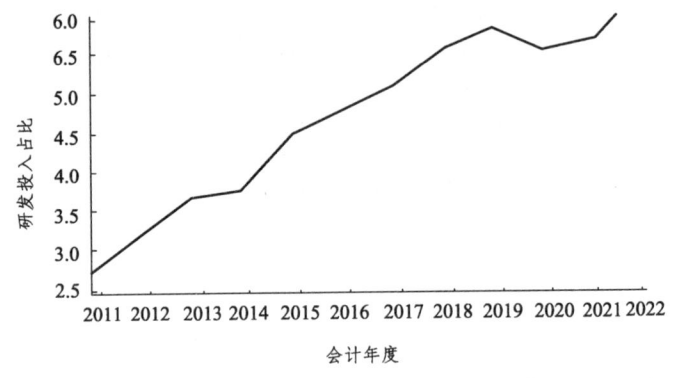

图 3-6 中国制造业上市公司创新投入年度变化趋势图（%）

韩东林等（2016）以 2012—2014 年我国制造业上市公司为样本，评价了上市公司的技术创新效率，发现技术创新绩效在 2012—2014 年的水平偏低，且行业和企业间的差异明显。为进一步探讨"中国制造 2025"实施产生的重要影响，对实施前后客户稳定与创新投入的关系进行差异性分析。将 2011—2014 年作为实施前的样本数据，2015—2018 年作为实施后的样本数据，比较两组样本数据间的差异。

3.5.1 差异检验

表 3-9 的差异性检验显示，"中国制造 2025"实施前的样本公司的创新投入指标 Innovation1 的均值与中位数分别为 0.051 和 0.040，而实施后的样本公司创新投入指标 Innovation1 的均值与中位数分别为 0.039 和 0.033，均值 T 检验与中位数 Z 检验均显示实施后样本组的创新投入显著大于实施前的。可见，"中国制造 2025"促进了我国制造业上市公司的创新投入。

表 3-9 差异性检验

变量	2015-2018 N	Mean	Median	2011-2014 N	Mean	Median	Mean T-Test	Median Z-Test
$Innovation_t$	4387	0.051	0.041	3296	0.039	0.033	0.011[***]	42.275[***]

3.5.2 实证结果分析

将研究样本分为实施后和实施前两组，运用模型（3-5）和模型（3-6），比较实施前后客户集中度对企业创新投入影响的差异。

表3-10分别报告了2015—2018年和2011—2014年样本公司的客户集中度与创新投入的回归结果。数据显示，列（1）和列（3）中CustomerSales与Innovation1均显著正相关，但回归系数相差较大，分别为0.023和0.005，可见，实施后客户集中度对创新投入的影响更大。列（2）和列（4）区分了要素密集度不同的企业，具体来看，列（2）中CustomerSales×FI与Innovation1显著负相关，而列（4）结果并不显著，即实施后客户集中度对非技术密集型上市公司创新投入的影响较大，但此前客户集中度对创新投入的影响在不同要素密集度企业差异不显著。其可能的原因有：① 实施后，制造业企业需投入更多的创新资金进行转型升级，加大了企业风险，客户关系的稳定有助于企业获取市场信息，有针对性地开展创新活动，同时缓解由客户不稳定造成的财务风险；② "中国制造 2025"为制造业未来发展带来了美好愿景，在政策驱动下，企业更愿意投入更多的创新资金，以增强整体竞争力，但不同于技术密集型企业，非技术密集型企业的创新投入受资金约束影响更大。

表 3-10 实施前后回归结果对比

变量	2015—2018		2011—2014	
	（1）	（2）	（3）	（4）
CustomerSales	0.023*** (6.860)	0.037*** (6.819)	0.005* (1.731)	0.003 (0.696)
FI		0.034*** (13.032)		0.022*** (9.656)
CustomerSales×FI		−0.033*** (−4.884)		−0.005 (−0.748)
Size	−0.002*** (−2.655)	−0.002*** (−3.305)	0.001 (1.061)	0.001 (1.344)
Roa	0.019* (1.691)	0.025** (2.278)	0.023* (1.898)	0.021* (1.769)
Growth	0.011*** (9.311)	0.010*** (9.224)	0.014*** (12.978)	0.013*** (12.489)
Top1	−0.020*** (−4.271)	−0.016*** (−3.549)	−0.016*** (−3.915)	−0.012*** (−3.079)
Ownership	−0.004** (−2.533)	−0.004** (−2.541)	−0.001 (−1.059)	−0.002 (−1.479)
PPE	−0.027*** (−5.667)	0.001 (0.137)	−0.023*** (−4.992)	0.004 (0.080)

续表

变量	2015—2018		2011—2014	
	（1）	（2）	（3）	（4）
Lev	-0.011***	-0.012***	-0.032***	-0.032***
	（-2.640）	（-2.937）	（-8.573）	（-9.100）
Year	控制	控制	控制	控制
Constant	0.095***	0.077***	0.048***	0.027**
	（6.732）	（5.646）	（3.642）	（2.100）
F	27.93	49.90	42.35	61.98
Adj R^2	0.063	0.127	0.121	0.194

3.6 本章小结

本书以 2011—2019 年沪深两市 A 股制造业上市公司为研究对象，实证分析了客户稳定对企业创新投入的影响。实证研究结果表明：① 客户集中度越高，企业创新投入越高；② 客户集中度正向波动与企业创新投入正相关，但客户集中度负向波动与创新投入负相关；③ 相较于客户未变更的企业，客户变更企业不利于企业创新投入，且变更程度越大，创新投入越小；④ 相比技术密集型企业，非技术密集型企业的客户稳定对创新投入的影响更大；⑤ 进一步研究发现，"中国制造 2025"实施后，客户集中度对创新投入的影响更大，且要素密集度不同企业间客户集中度对创新投入的影响差异只在实施后显著。本章的研究结论表明，客户稳定对企业创新投入具有积极的促进作用。

本书对于深刻理解客户稳定与企业创新投入间的关系，揭示客户与企业合作关系的内在机制具有重要贡献。① 客户稳定有助于企业的创新投入，因此，企业应重视与客户建立长期、稳定、相互信任的合作关系，从客户需求出发，明确企业技术创新的方向，更好地满足客户对产品技术的需求，从而增强企业业绩、提升企业竞争力。② 引入了要素密集度的概念，发现要素密集度对客户稳定与创新投入的直接作用。已有研究没有深入探讨要素密集度这一重要因素，本书从行业区分角度出发，将要素密集度作为重要调节变量，实证研究分析了要素密集度在客户稳定影响创新投入过程中的不同调节效应，厘清了不同行业对创新投入的需求，更好地解释了客户稳定对创新投入影响存在差异的外在原因。③"中国制造 2025"的实施，为我国制造业发展提供了契机，企业应抓住机遇，不断提升企业的创新能力，促进企业的转型升级。

第 4 章 客户稳定、融资结构与创新投入

4.1 引言

保障投资现金流,为创新投入提供可靠的资金来源,是企业创新的关键,资金来源仍是目前企业面临的重要问题。在第 3 章中,本书探讨了客户稳定是否会影响企业创新投入,结果证实,客户集中度、客户集中度波动和客户变更均对创新投入有显著影响,且要素密集度不同的企业也存在差异。

近年来,政府支持(周海涛和张振刚,2015)、融资约束(Aghion et al.,2010)等外源融资对创新投入的影响一直是国内外学者研究的热点。《中国制造 2025》指出,为促进制造业技术创新,政府将采取降低融资成本、加强财政支持、减轻税收负担等措施。但企业的盈利能力是企业长远发展的基石,对创新投入有显著影响,内源融资是企业创新投入不可或缺的资金保障,企业资金是创新经费的主要来源。客户作为企业重要的利益相关者,是企业收入的主要来源,与企业盈利能力密切相关,同时对企业的内源融资和外源融资具有直接或间接的影响。然而,目前几乎还未有研究从融资结构、要素密集度方面探讨客户稳定影响创新投入的路径及机理。

本章将从供应链管理和财务管理理论出发,以资本结构相关理论为支撑,通过理论研究和实证研究,从资金来源视角探讨客户稳定对企业创新投入的影响;以内源融资和外源融资为中介变量,以要素密集度为调节变量,探究客户稳定对企业创新的影响路径及差异;针对银行借款、股权融资、商业信用三种外源融资渠道,探讨不同方式对客户集中与创新投入间的影响差异。

4.2 理论分析与研究假设

4.2.1 客户稳定与融资结构

内源融资是企业内部经营活动产生的现金流。外源融资则指企业融资活动产生的现金流,包括债权融资、股权融资(李汇东等,2013)。现有研究中,客

户对商业信用、银行借款、股权融资有显著影响已经得到广泛认同，但并未考虑从融资来源区分客户对其影响的差别，且并未区分客户特征。本书将融资结构按融资来源划分为内源融资和外源融资，并将通过客户集中度、客户集中度波动和客户变更三个层面进行深入探讨。

客户稳定会通过以下渠道影响内源融资。第一，客户集中角度。大客户是具有经济重要性和战略重要性的客户。客户集中度越高，其议价能力越强（唐跃军，2009）。若企业失去大客户，则必将造成业绩大幅下滑，严重影响营业收入，减少当期及预期的现金流量（Dhaliwal et al.，2013）。因此，为避免更大的损失，企业更可能在交易中作出价格让步。同时，若大客户财务状况不佳，企业更有可能陷入财务困境。第二，客户变更角度。买方市场是市场经济的常态，基于竞争理论，客户更具谈判的优势地位。若更换客户，企业为客户提供的商业信用越多（陈正林，2017），形成债权。第三，客户集中度波动角度。若企业与客户合作程度降低，无疑会对企业经营造成一定影响；而随着合作程度的提高，企业会为客户提供更多的商业信用，且客户的财务情况对企业的财务风险影响更大。

综上，客户集中度的提高、客户的波动及变更客户均会造成企业经营性现金流的减少。基于上述分析，本书提出假设 H_{1a}：

H_{1a}：客户集中度、客户集中度波动、客户变更与内源融资均显著负相关。

外源融资包括债权融资和股权融资。基于客户对债权融资的影响，本书将债权融资简单地分为商业信用和银行借款。

第一，商业信用视角。商业信用是企业向客户销售产品但未同步收取款项而形成的债权，财务表现为应收账款。随着供应链金融的迅速发展，应收账款质押融资规模不断扩大，应收账款质押行为逐渐增强（江伟和姚文韬，2016），为企业融资带来了新契机，帮助企业快速获得资金。供应链金融更强调企业与客户的关系，客户集中使得银行更容易获取整个供应链的信息，从而有助于降低银行信贷风险。针对应收账款质押融资，银行不再单独考察客户的财务状况，而是更关注客户与企业间的业务往来是否稳定，针对供应链整体的评估促使业务的实现。因此，从供应链金融产生的经济效益来看，客户稳定更有利于利用商业信用缓解企业的融资约束。

第二，银行借款视角。客户关系作为企业一种重要的社会资本，是银行在授信评估中予以考虑的重要因素。客户集中度的提高，有助于拉近企业与银行间的关系（Campello 和 Gao，2017），提高企业的借款能力。可见，企业与客户的紧密、稳定关系能在企业向银行借款时发挥积极的作用。

第三，股权融资视角。股权融资成本是企业是否选择股权融资的重要因素，而信息不对称会增加股权融资成本。客户稳定不仅能帮助企业从客户获取有价值的信息，供应链整合也能缓解信息的不对称性，因此客户稳定有利于降低股权融资成本。

综上，客户为企业带来经济效益、传递市场信息，提高企业的融资能力和借款能力。可见，客户集中度越高，越有利于企业获取外源融资；客户集中度降低，则并不利于企业获取外源融资。若变更客户，企业为寻找新客户可能会提供更高的商业信用，但失去客户合作，与新客户建立紧密、信任的合作关系需要时间磨合，短期内可能并不利于债权人、投资者等对企业的评估。基于上述分析，本书提出假设 H_{1b}：

H_{1b}：客户集中度、客户集中度正向波动与外源融资显著正相关，但客户集中度负向波动、客户变更与外源融资显著负相关。

4.2.2 融资结构的中介效应

从上述分析可知，客户稳定对内源融资和外源融资的影响存在差异，导致内源融资和外源融资在客户稳定与创新投入关系间的中介效应不同。

内源融资与外源融资对企业创新均呈正相关关系，但外源融资对创新投入的促进效应大于内源融资对创新投入的促进效应（李汇东等，2013）。Himmelberg 和 Petersen（1994）认为，当企业受到外部融资约束时，内部资金对企业创新投入有显著促进作用。卢馨等（2013）对高新技术上市公司研究发现，企业存在一定程度的融资约束，R&D 资金来源于内部现金流和股票融资。唐清泉和徐欣（2010）则表明，中国上市公司的 R&D 投资与内部现金流不存在"U"形关系。可见，学者们大多认为，企业选择内部资金进行创新投入是因为企业的融资约束，但有限的内部资金容易造成创新投入资金不足，阻碍企业技术的快速发展。同时，客户集中、客户集中度波动和客户变更加大了企业财务风险，不利于企业内部现金流增加，因此，为避免将创新风险叠加在经营风险中，增加不确定性，企业可能更倾向使用外部投资者的资金进行创新投入，而非使用内源融资。

企业获取外源融资需要外部投资者对其进行评估，这一定程度上反映了企业的经营状况，也是企业进行创新投入的前提。同时，使用外部投资者的资金进行高风险的创新投入，企业更可能转移投资风险。客户稳定对创新投入的影响应该从资金层面考虑。客户集中或客户集中度提高为外部投资者提供供应链整合的积极信息，企业获取外源融资可作为投资所需的资金，促进企业创新投入。而客户变更或客户集中度负向波动，不利于企业获取外源融资，增加企业财务风险，因此，外源融资并不能改善客户变更或客户集中度负向波动对创新投入的负面影响。

基于上述分析，本书提出假设 H_{2a} 和 H_{2b}：

H_{2a}：内源融资对企业创新投入不存在显著影响，内源融资在客户稳定与创新投入之间的中介效应不存在。

H_{2b}：外源融资对企业创新投入有显著的正向作用，且外源融资在客户稳定与创新投入之间存在部分中介效应。

4.2.3 要素密集度的调节效应

第 3 章已证实，要素密集度不同的企业的客户稳定对创新投入的影响存在差异，且相较于技术密集型企业，非技术密集型企业的客户稳定对创新投入的影响更大。技术密集型企业的创新投入更多，对外源融资的依赖性相比劳动密集型和资本密集型企业更强，而外源融资如股权融资，对创新投入的促进作用在要素密集度不同行业中也存在差异。因此，在探讨客户稳定、融资结构与创新投入三者关系时，应考虑要素密集度的影响。

基于上述分析，本书提出假设 H_3：

H_3：客户集中度对创新投入的影响在劳动密集型和资本密集型行业要大于技术密集型行业，且对创新投入的调节效应是通过外源融资来实现的。

本章的研究框架如图 4-1 所示。

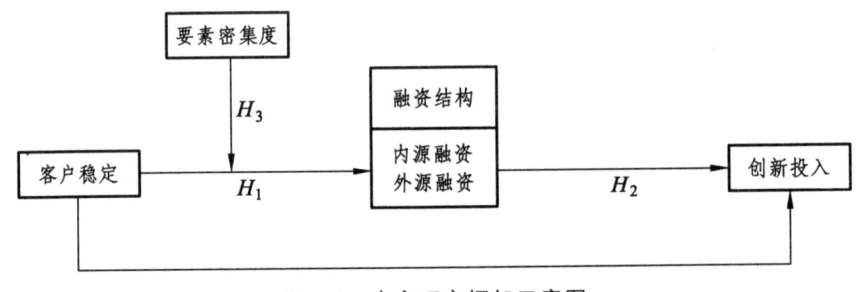

图 4-1 本章研究框架示意图

4.3 研究设计

4.3.1 样本选择与数据来源

本书选择 2011—2019 年制造业上市公司作为研究样本，为避免内生性的影响，客户稳定数据滞后一期。按照以下标准对初始样本进行了剔除：① 剔除了 ST 的公司；② 剔除了财务数据异常的公司；③ 剔除了财务数据缺失的公司；④ 剔除了客户集中度总额比例小于 10% 的公司。本书研究数据均来自上市公司年报和 CSMAR 数据库，其中客户稳定和创新投入数据通过手工整理获得。为了消除极端值的影响，本书对连续变量按 1% 水平进行 Winsorize 处理。

4.3.2 变量定义

1．被解释变量：创新投入

为了保证本书前后研究的一致性，继续采用第 3 章对创新投入的定义，用创新投入与营业收入的比值来表示创新投入。在稳健性检验中采用创新投入与总资产的比值来衡量。

2．解释变量：客户稳定

客户稳定采用第 3 章的衡量方式，分别采用客户集中度（CustomerSales）、客户集中度波动（CustomerFlu）和客户变更（CustomerVary）作为实证检验的指标。在进行稳健性检验时，采用前五名客户合计销售金额占年度销售总额比例（CustomerSales），详细参见本书 3.3.2 节，在此不再赘述。

3．融资结构：内源融资和外源融资

本书借鉴李汇东等（2013），采用企业经营活动产生的现金流净额来衡量企业的内源融资（EndoFund）、采用企业筹资活动产生的现金流净额来衡量企业的外源融资（ExogFund）。外源融资按融资渠道可分为股权融资和债务融资，其中债务融资又包含银行贷款、商业信用等。因此，为进一步分析外源融资中哪一部分发挥的中介效应更显著，本书将外源融资划分为股权融资、银行借款和商业信用，并分别使用企业股本与资本公积之和（Equity）、长期和短期借款余额（Loan）及应收账款净额（TC）来衡量。同时，为消除公司规模带来的差异，统一用期末总资产进行规模化处理。

4．调节变量：要素密集度

要素密集度采用第 3 章设置的行业异质性哑变量（FI）。其中技术密集型制造业表示为 1，其他表示则为 0。

5．控制变量

参照以往有关文献，本书对可能影响企业融资行为和创新投入产生重要影响的多个变量进行了控制,包括:企业规模(Size)、企业盈利能力(Roa)、企业成长性(Growth)、股权集中度(Top1)、所有权性质(Ownership)、资产期限结构(PPE)、资产负债率(Lev)和年度($Year_i$)。

上述变量的具体形式见表4-1。

表4-1 变量定义

变量类型	变量名称	变量代码	变量定义
被解释变量	创新投入	Innovation1	$\dfrac{t\text{期创新投入}}{t-1\text{期营业收入}}$
		Innovation2	$\dfrac{Innovation1_{i,t} - Innovation1_{i,t-1}}{Innovation1_{i,t-1}}$
解释变量	客户稳定	CustomerSales	$t-1$期前五名客户销售之和占全部销售额的比例
		CustomerFlu1	$\dfrac{Customer_{i,t} - Customer_{i,t-1}}{Customer_{i,t-1}}$
		CustomerFlu2	$\dfrac{\lvert Customer_{i,t} - Customer_{i,t-1} \rvert}{Customer_{i,t-1}}$
		CustomerVary	客户变更:CustomerSales,客户未变更 = 0
		CustomerHHI	$t-1$期前五名客户各自销售额占销售总额比例的平方和
中介变量	内源融资现金流	EndoFund	$\dfrac{t-1\text{期经营活动现金流}}{t-1\text{期总资产}}$
	外源融资现金流	ExogFund	$\dfrac{t-1\text{期筹资活动现金流}}{t-1\text{期总资产}}$
	股权融资	Equity	$\dfrac{t-1\text{期(股本+资本公积)}}{t-1\text{期总资产}}$
	银行借款	Loan	$\dfrac{t-1\text{期(长期+短期)借款余额}}{t-1\text{期总资产}}$
	商业信用	TC	$\dfrac{t-1\text{期应收账款净额}}{t-1\text{期总资产}}$

续表

变量类型	变量名称	变量代码	变量定义
调节变量	要素密集度	FI	哑变量，1表示技术密集型企业，0表示其他
控制变量	企业规模	Size	t期资产总额的自然对数
	企业盈利能力	Roa	t期公司净利润与总资产平均余额的比例
	企业成长性	Growth	t期营业收入增长率
	股权集中度	Top1	t期第一大股东持股比例
	所有权性质	Ownership	t期实际控制人的类型
	资产期限结构	PPE	$\dfrac{t期固定资产净额}{t期总资产}$
	资产负债率	Lev	$\dfrac{t期总负责}{t期总资产}$
	年度	Year_i	哑变量，1表示t期所属年份，0表示其他（其他 $i = 1, 2, 3, 4, 5, 6, 7$）

4.3.3 研究模型

本章所涉及的客户稳定、要素密集度和创新投入的实证结果，详细参见本书3.4.3节，在此不再赘述。

为检验本书上述假设 H_1、H_2，即检验融资结构（包含内源融资和外源融资）在客户稳定与创新投入关系中的中介效应，借鉴温忠麟和叶宝娟（2014）设计的中介效应检验流程，构建模型（4-1）和模型（4-2）：

$$\text{Financing}_{i,t} = \beta_0 + \beta_1 \text{Customer}_{i,t} + \beta_2 \text{Control}_{i,t} + \varepsilon_{i,t} \quad (4\text{-}1)$$

$$\text{Innovation}_{i,t} = \gamma_0 + \gamma_1 \text{Customer}_{i,t-1} + \gamma_2 \text{Financing}_{i,t-1} + \gamma_3 \text{Control}_{i,t} + \varepsilon_{i,t} \quad (4\text{-}2)$$

此外，为验证本书假设 H_3，即检验行业异质性通过融资结构在客户集中度与企业创新投入关系中的调节效应，借鉴叶宝娟和温忠麟（2013）的设计，构建模型（4-3）和模型（4-4）如下：

$$\text{Financing}_{i,t} = \beta_0 + \beta_1 \text{CustomerSales}_{i,t} + \beta_2 \text{FI}_{i,t} +$$
$$\beta_3 \text{CustomerSales}_{i,t} \times \text{FI}_{i,t} + \beta_4 \text{Control}_{i,t} + \varepsilon_{i,t} \quad (4\text{-}3)$$

$$\text{Innovation}_{i,t} = \gamma_0 + \gamma_1 \text{CustomerSales}_{i,t-1} + \gamma_2 \text{FI}_{i,t} +$$
$$\gamma_3 \text{CustomerSales}_{i,t-1} \times \text{FI}_{i,t} + \delta_1 \text{Financing}_{i,t-1} +$$
$$\delta_2 \text{Financing}_{i,t-1} \times \text{FI}_{i,t} + \gamma_4 \text{Control}_{i,t} + \varepsilon_{i,t} \quad (4\text{-}4)$$

4.4 实证分析

4.4.1 变量的描述性统计

表 4-2 列示了部分相关变量的描述性统计分析。结果显示，EndoFund 和 ExogFund 均值分别为 0.040 和 0.047，最大值分别为 0.224 和 0.548，即制造业企业通过经营获取的现金流平均值小于筹资所得，且企业通过外部渠道获取的单笔资金数额比经营所得更大。Equtity、TC 和 Loan 均值分别为 0.393、0.139 和 0.156，说明企业通过股权融资的规模大于债务融资。其他变量的描述性统计分析与第 3 章的大体一致，这里不再赘述。

表 4-2 主要变量的描述性统计

变量	均值	标准值	最小值	p25	p50	p75	最大值
EndoFund	0.040	0.066	-0.154	0.003	0.039	0.079	0.224
ExogFund	0.047	0.133	-0.205	-0.029	0.009	0.089	0.548
Equity	0.393	0.194	0.070	0.256	0.372	0.489	1.263
TC	0.139	0.097	0.003	0.063	0.121	0.194	0.439
Loan	0.156	0.119	0.000	0.058	0.138	0.231	0.528

表 4-3 是各主要变量的 Pearson 相关性检验结果。从表 4-3 可知，客户集中度与内源融资和外源融资分别显著负相关和正相关，表明客户集中度越高，内源融资越低，但外源融资越高。同时，本书对模型进行了方差膨胀因子 VIF 检验，其值为 1.16，远小于临界值 10，表明模型的各变量之间不存在显著的共线性问题。

表 4-3　主要变量的相关系数矩阵

	Innovation1	CustomerSales	EndoFund	ExogFund	FI
Innovation1	1.000				
CustomerSales	0.100***	1.000			
EndoFund	-0.041***	-0.079***	1.000		
ExogFund	0.0121***	0.086***	-0.263***	1.000	
FI	0.284***	0.152***	-0.091***	0.075***	1.000

4.4.2　实证结果分析

通过模型（4-1）对本章 H_{1a}、H_{1b} 进行检验，回归结果分别如表 4-4、表 4-5 中（1）、（3）、（5）、（7）列所示。表 4-4 和表 4-5（1）列中，客户集中度（CustomerSales）越高，内源融资占比越低，外源融资占比越高，上述结果均在 1% 的显著性水平下显著。从回归系数看，客户集中度每增加一个标准差，内源融资占比降低 0.012，而外源融资占比增加 0.044，说明，客户集中度对外源融资的促进作用更大。（3）、（5）列分别是客户集中度正向波动（CustomerFlu1）和负向波动（CustomerFlu2）对内源融资与外源融资的影响，具体来看，客户集中度波动不论正负均与内源融资呈显著负相关关系，且均在 1% 的显著性水平下显著；但对外源融资的影响存在差异，即正向波动呈显著正相关关系，而负向波动呈显著负相关关系。（7）列显示，客户变更（CustomerVary）对内源融资和外源融资均呈显著负相关关系，均在 10% 显著性水平下显著。根据上述结果可知，假设 H_{1a} 和 H_{1b} 成立。

表 4-4 和表 4-5 的（2）、（4）、（6）、（8）列分别通过模型（4-2）检验了本章 H_{2a} 和 H_{2b}。表 4-4 显示，EndoFund 与 Innovation1 的回归系数均不显著。为验证内源融资是否在客户集中度与企业创新投入之间产生中介效应，通过 Sobel 检验进行分析。结果显示，$\beta_1 \times \beta_2$ 的置信区间分别包含 0，且 z 值均大于 0.05，即中介效应不显著，验证了本章 H_{2a}。而表 4-5 中，ExogFund 与 Innovation1 的回归系数均显著为正，且客户集中度（CustomerSales）、客户集中度波动（CustomerFlu）和客户变更（CustomerVary）的回归系数也均在 10% 及以上显著性水平下显著。比较回归系数 $\beta_1 \times \gamma_2$ 与 γ_1 可知，系数方向均一致，说明外源融资对客户集中度、客户集中度波动和客户变更与企业创新投入的影响存在部分中介效应，即客户集中度、客户集中度波动和客户变更不仅直接影响企业创新投入，还会通过外源融资对企业创新投入产生间接影响。H_{2b} 得到验证，且

外源融资在客户集中度与创新投入间产生的中介效应占比为 11.42%。

表 4-4　内源融资中介效应检验结果

变量	EndoFund (1)	Innovation1 (2)	EndoFund (3)	Innovation1 (4)	EndoFund (5)	Innovation1 (6)	EndoFund (7)	Innovation1 (8)
CustomerSales	-0.012*** (-3.241)	0.012*** (5.441)						
CustomerFlu1			-0.012*** (-4.928)	0.005*** (3.605)				
CustomerFlu2					-0.027*** (-3.727)	-0.008* (-1.877)		
CustomerVary							-0.015* (-1.780)	-0.008* (-1.846)
EndoFund		-0.007 (-0.961)		-0.000 (-0.005)		-0.004 (-0.419)		0.007 (0.656)
Size	0.003*** (4.455)	0.000 (0.107)	0.009*** (7.482)	0.000 (0.415)	0.007*** (5.815)	-0.001 (-1.625)	0.004*** (2.981)	-0.001* (-1.656)
Roa	0.418*** (31.872)	0.024*** (2.802)	0.015*** (5.404)	0.000 (0.292)	0.020*** (7.031)	0.000 (0.300)	0.010** (2.350)	0.001 (0.468)
Growth	-0.009*** (-7.636)	0.011*** (14.812)	-0.011*** (-5.599)	0.013*** (10.863)	-0.010*** (-5.250)	0.010*** (9.449)	-0.008*** (-3.361)	0.008*** (7.098)
Top1	0.007 (1.552)	-0.014*** (-4.962)	0.035*** (4.280)	-0.015*** (-3.108)	0.035** (4.479)	-0.010** (-2.444)	0.028*** (2.725)	0.001 (0.173)
Ownership	-0.001 (-0.373)	-0.004*** (-3.994)	-0.001 (-0.478)	-0.004** (-2.575)	-0.002 (-0.701)	-0.003** (-2.261)	0.003 (0.984)	0.000 (0.069)
PPE	0.095*** (18.578)	-0.023*** (-7.317)	0.049*** (6.387)	-0.023*** (-4.900)	0.061*** (7.884)	-0.025*** (-5.938)	0.072*** (6.777)	-0.034*** (-6.398)
Lev	-0.033*** (-7.663)	-0.022*** (-8.291)	-0.085*** (-14.149)	-0.024*** (-6.608)	-0.087*** (-14.419)	-0.029*** (-8.426)	-0.061*** (-7.833)	-0.025*** (-6.412)
Year	控制	控制	控制	控制	控制	控制	控制	控制
Constant	-0.059*** (-3.956)	0.057*** (6.263)	-0.292*** (-4.607)	0.048 (1.298)	-0.380*** (-6.310)	0.058* (1.725)	-0.052** (-2.011)	0.074*** (5.790)
F	137.61	48.61	28.93	19.46	30.65	22.27	12.06	15.11
Adj R²	0.214	0.092	0.108	0.078	0.108	0.085	0.072	0.096

表 4-5　外源融资中介效应检验结果

变量	ExogFund (1)	Innovation1 (1)	ExogFund (3)	Innovation1 (4)	ExogFund (5)	Innovation1 (6)	ExogFund (7)	Innovation1 (8)
CustomerSales	0.044*** (5.386)	0.012*** (5.060)						
CustomerFlu1			0.008* (1.768)	0.005*** (3.485)				
CustomerFlu2					-0.026* (-1.706)	-0.007* (-1.759)		

续表

变量	ExogFund (1)	Innovation1 (1)	ExogFund (3)	Innovation1 (4)	ExogFund (5)	Innovation1 (6)	ExogFund (7)	Innovation1 (8)
CustomerVary							−0.027* (−1.715)	−0.008* (−1.810)
ExogFund		0.022*** (6.900)		0.024*** (4.779)		0.015*** (3.461)		0.010* (1.700)
Size	0.005*** (3.495)	−0.000 (−0.220)	0.005** (2.324)	0.000 (0.230)	0.001 (0.237)	−0.001* (−1.689)	−0.002 (−0.802)	−0.001 (−1.588)
Roa	−0.139*** (−4.837)	0.024*** (3.020)	0.004 (0.703)	0.000 (0.236)	−0.005 (−0.938)	0.000 (0.307)	0.010 (1.183)	0.001 (0.459)
Growth	0.005** (1.979)	0.011*** (14.839)	0.012*** (2.997)	0.012*** (10.692)	0.009** (2.117)	0.010*** (9.409)	0.009** (2.136)	0.008*** (6.987)
Top1	0.009 (0.834)	−0.015*** (−5.062)	−0.011 (−0.705)	−0.015*** (−3.070)	−0.008 (−0.491)	−0.010** (−2.457)	0.025 (1.324)	0.001 (0.164)
Ownership	−0.041*** (−12.410)	−0.003*** (−2.984)	−0.049*** (−10.143)	−0.003* (−1.734)	−0.039*** (−7.915)	−0.002* (−1.791)	−0.035*** (−5.722)	0.000 (0.293)
PPE	−0.094*** (−8.398)	−0.022*** (−7.012)	−0.056*** (−3.611)	−0.021*** (−4.644)	−0.064*** (−2.870)	−0.025*** (−5.882)	−0.098*** (−4.938)	−0.033*** (−6.156)
Lev	−0.023** (−2.449)	−0.021*** (−8.066)	−0.002 (−0.148)	−0.024*** (−6.806)	−0.002 (−0.189)	−0.028*** (−8.566)	0.014 (0.956)	−0.026*** (−6.654)
Year	控制	控制	控制	控制	控制	控制	控制	控制
Constant	0.085*** (2.610)	0.055*** (6.122)	0.108 (0.886)	0.045 (1.235)	0.332*** (2.665)	0.054 (1.627)	0.256*** (5.286)	0.072*** (5.539)
F	58.04	51.83	25.34	21.02	26.34	23.08	22.64	15.28
Adj R²	0.102	0.097	0.095	0.084	0.094	0.088	0.132	0.097

表 4-6 调节效应检验结果

变量	ExogFund (1)	Innovation1 (2)
CustomerSales	0.032** (2.395)	0.023*** (6.386)
FI	−0.008 (−1.346)	0.031*** (18.648)
CustomerSale × FI	0.019 (1.151)	−0.029*** (−6.462)
ExogFund		0.015*** (3.308)
ExogFund × FI		0.014** (2.393)
Size	0.005*** (3.461)	−0.000 (−0.610)

续表

变量	ExogFund （1）	Innovation1 （2）
Roa	−0.138*** （−4.808）	0.025*** （3.318）
Growth	0.005** （1.985）	0.010*** （14.524）
Top1	0.008 （0.769）	−0.010*** （−3.775）
Ownership	−0.041*** （−12.383）	−0.003*** （−3.195）
PPE	−0.098*** （−8.232）	0.006** （2.000）
Lev	−0.023** （−2.429）	−0.022*** （−8.795）
Year	控制	控制
Constant	0.092*** （2.786）	0.035*** （3.999）
F	51.32	88.75
Adj R²	0.102	0.181

为进一步验证 H_3，本章分别通过调节变量检验、中介变量验证，利用模型（4-3）和模型（4-4），分析要素密集度通过融资结构对客户集中度和创新投入关系的调节效应。在上述分析中，内源融资并不存在中介效应，故只对外源融资进行实证分析，结果如表 4-6 所示。（1）列中，CustomerSales 的回归系数与（2）列中 ExogFund×FI 的回归系数均显著，表明中介调节模型成立，且（2）列中，CustomerSales×FI 的回归系数在 5% 的显著性水平下显著，说明外源融资在要素密集度的调节效应中起到部分中介效应，即相比技术密集型制造业企业，非技术密集型制造业企业的客户集中度通过外源融资对企业创新投入的影响更大，验证了 H_3。

4.4.3 稳健性检验

为检验要素密集度和融资结构对客户稳定与企业创新投入关系的调节效应和中介效应的稳定性，增强本研究的可信度，本书分别对客户稳定和创新投入进行重新衡量，并进行如下稳健性检验：

（1）对客户稳定进行了衡量，即使用前五名客户销售额占销售总额比例的平方和（CustomerHHI）来度量。具体的回归分析结果如表 4-7 所示，研究结论与之前保持不变。

（2）对创新投入进行了衡量，即用第 t 期的创新投入减去第 $t-1$ 期的创新投入除以 t 期创新投入比值（Innovation2）来度量。其值如果大于 0，表示本年度创新投入较上一年度增加，如果小于 0，则表示本年度的创新投入较上一个年度增加。具体的回归分析结果如表 4-8 所示，没有改变前文的结论。

表 4-7　稳健性检验结果 1

变量	EndoFund (1)	Innovation1 (2)	ExogFund (3)	Innovation1 (4)	ExogFund (5)	Innovation1 (6)
CustomerHII	-0.007 (-0.505)	0.021*** (2.912)	0.108*** (4.166)	0.017** (2.355)	0.115*** (2.767)	0.032*** (2.962)
FI					0.016 (1.077)	0.030*** (7.614)
CustomeHII×FI					-0.011 (-0.210)	-0.024* (-1.701)
EndoFund		-0.030*** (-2.834)				
ExogFund				0.041*** (7.707)		0.018** (2.314)
ExogFund×FI						0.028*** (2.809)
Size	0.002* (1.748)	-0.001 (-1.105)	0.004* (1.862)	-0.001 (-1.478)	0.004* (1.825)	-0.001* (-1.855)
Roa	0.347*** (19.412)	0.011 (1.036)	-0.088** (-2.466)	0.004 (0.427)	-0.083** (-2.339)	0.012 (1.284)
Growth	-0.015*** (-7.255)	0.008*** (6.705)	0.008** (1.968)	0.008*** (6.928)	0.008* (1.795)	0.007*** (6.253)
Top1	0.023*** (2.609)	-0.004 (-0.742)	0.012 (0.690)	-0.005 (-0.989)	0.013 (0.719)	-0.004 (-0.787)
Ownership	-0.007** (-2.525)	-0.003** (-2.036)	-0.037*** (-7.140)	-0.001 (-0.880)	-0.036*** (-7.062)	-0.001 (-0.509)
PPE	0.100*** (11.964)	-0.026*** (-5.348)	-0.108*** (-6.519)	-0.024*** (-5.191)	-0.092*** (-5.254)	0.004 (0.962)
Lev	-0.033*** (-4.855)	-0.017*** (-4.494)	0.016 (1.158)	-0.017*** (-4.459)	0.016 (1.214)	-0.016*** (-4.379)
Year	控制	控制	控制	控制	控制	控制
Constant	-0.014 (-0.577)	0.063*** (4.667)	-0.068 (-1.448)	0.066*** (4.948)	-0.080* (-1.654)	0.044*** (3.452)
F	76.37	17.30	15.24	21.88	13.57	49.06
Adj R²	0.226	0.064	0.052	0.081	0.054	0.202

表 4-8　稳健性检验结果 2

变量	EndoFund (1)	Innovation2 (2)	ExogFund (3)	Innovation2 (4)	ExogFund (5)	Innovation2 (6)
CustomerSales	-0.008* (-1.760)	0.032*** (4.097)	0.041*** (4.397)	0.030*** (3.918)	0.034** (2.196)	0.049*** (3.846)
FI					0.006 (0.785)	0.023*** (3.704)
CustomerSales × FI					0.008 (0.416)	-0.034** (-2.165)
EndoFund		-0.007 (-0.265)		0.034*** (2.729)		
ExogFund						0.033* (1.695)
ExogFund × FI						-0.001 (-0.035)
Size	0.004*** (4.009)	-0.004*** (-2.760)	0.002 (1.113)	-0.004*** (-2.829)	0.002 (1.003)	-0.004*** (-2.880)
Roa	0.333*** (21.534)	0.041 (1.553)	0.004 (0.124)	0.039 (1.543)	0.007 (0.214)	0.042 (1.631)
Growth	-0.011*** (-7.231)	0.003 (1.078)	0.006* (1.922)	0.003 (1.035)	0.006* (1.855)	0.002 (0.933)
Top1	0.026*** (4.114)	-0.006 (-0.536)	0.008 (0.624)	-0.006 (-0.580)	0.009 (0.704)	-0.004 (-0.358)
Ownership	-0.003* (-1.696)	0.001 (0.424)	-0.046*** (-11.425)	0.003 (0.892)	-0.046*** (-11.402)	0.003 (0.876)
PPE	0.091*** (13.907)	-0.046*** (-4.172)	-0.084*** (-6.391)	-0.044*** (-4.040)	-0.074*** (-5.354)	-0.029** (-2.522)
Lev	-0.045*** (8.082)	0.006 (0.672)	0.017 (1.519)	0.006 (0.647)	0.017 (1.518)	0.005 (0.596)
Year	控制	控制	控制	控制	控制	控制
Constant	-0.049** (-2.548)	0.239*** (7.548)	-0.016 (-0.419)	0.240*** (7.587)	-0.017 (-0.437)	0.225*** (7.044)
F	107.49	138.24	24.99	139.09	21.57	112.85
Adj R²	0.212	0.275	0.057	0.276	0.058	0.279

4.5 "中国制造 2025"实施前后差异性分析

由第 3 章可知,"中国制造 2025"实施前后创新投入存在显著差异,且实施后客户集中度对创新投入的影响更大。"中国制造 2025"同时提出了金融扶持政策,即扩宽制造业融资渠道,降低融资成本,为企业创新投入提供了有力保障。2017 年,按照"中国制造 2025"的金融支持政策,中国人民银行、工业和信息化部、银监会、证监会和保监会五部门针对金融支持提出了具体意见，建立健全多元化金融服务体系，为制造强国建设提供金融支持和服务。

"中国制造 2025"实施前后融资结构对创新投入的影响存在差异。为进一步探讨"中国制造 2025"产生的影响，对实施前后 2011—2014 年和 2015—2018 年样本企业的客户稳定、融资结构与创新投入进行差异性分析。

4.5.1 差异检验

表 4-9 的差异性检验显示，"中国制造 2025"实施前的样本公司的内源融资指标的均值与中位数分别为 0.038 和 0.036，而实施后样本公司的内源融资指标均值与中位数分别为 0.042 和 0.042；而实施前样本公司的外源融资指标均值与中位数分别为 0.041 和 0.008，实施后的样本公司外源融资指标的均值与中位数分别为 0.053 和 0.010。且均值 T 检验与中位数 Z 检验均显示实施后样本企业的内源融资和外源融资显著大于实施的，说明实施后外源融资比重增大，企业对现金流的需求也更大。

表 4-9 差异性检验

变量	2015—2018 N	Mean	Median	2011—2014 N	Mean	Median	Mean T-Test	Median Z-Test
EndoFund	4336	0.042	0.042	3270	0.038	0.036	0.007***	14.078***
ExgoFund	4336	0.053	0.010	3270	0.041	0.008	0.011***	6.609**

4.5.2 实证结果分析

运用模型（4-1）和模型（4-2），分别对实施后和实施前的样本进行实证检验。表 4-10 和表 4-11 分别报告了 2015—2018 年和 2011—2014 年样本企业客户集中度、融资渠道与创新投入的回归结果。

表 4-10 实施后回归结果

变量	2015—2018			
	EndoFund (1)	Innovation1 (2)	ExogFund (4)	Innovation1 (5)
CustomerSales	-0.013*** (-2.731)	0.015*** (4.889)	0.050*** (5.085)	0.014*** (4.389)
EndoFund		-0.016 (-1.591)		

061

续表

变量	2015—2018			
	EndoFund	Innovation1	ExogFund	Innovation1
	（1）	（2）	（4）	（5）
ExogFund				0.037*** (7.613)
Size	0.003*** (3.760)	−0.001 (−0.852)	0.002 (0.827)	−0.001 (−1.046)
Roa	0.358*** (22.228)	0.020* (1.820)	−0.007 (−0.204)	0.015 (1.416)
Growth	−0.011*** (−6.996)	0.011*** (10.521)	0.007** (2.164)	0.011*** (10.562)
Top1	0.020*** (3.122)	−0.016*** (−3.722)	0.008 (0.618)	−0.016*** (−3.897)
Ownership	−0.003 (−1.562)	−0.005*** (−3.847)	−0.047*** (−11.104)	−0.003** (−2.513)
PPE	0.092*** (14.031)	−0.021*** (−4.669)	−0.093*** (−6.792)	−0.019*** (−4.337)
Lev	−0.041*** (−7.311)	−0.015*** (−4.084)	0.011 (0.975)	−0.015*** (−4.070)
Year	控制	控制	控制	控制
Constant	−0.045** (−2.356)	0.067*** (5.264)	−0.001 (−0.032)	0.067*** (5.362)
F	109.46	26.12	26.06	31.07
Adj R²	0.216	0.065	0.060	0.077

表 4-11　实施前回归结果

变量	2011—2014			
	EndoFund	Innovation1	ExogFund	Innovation1
	（1）	（2）	（3）	（4）
CustomerSales	−0.011* (−1.755)	0.007** (2.029)	0.031** (2.251)	0.006* (1.952)
EndoFund		0.003 (0.335)		
ExogFund				0.007* (1.678)
Size	0.003** (2.417)	0.001 (1.203)	0.012*** (4.634)	0.001 (1.077)

续表

变量	2011—2014			
	EndoFund	Innovation1	ExogFund	Innovation1
	（1）	（2）	（3）	（4）
Roa	0.528*** (23.303)	0.035*** (2.645)	-0.389*** (-7.408)	0.040*** (3.193)
Growth	-0.007*** (-3.493)	0.012*** (10.750)	0.004 (0.767)	0.012*** (10.731)
Top1	-0.005 (-0.752)	-0.013*** (-3.408)	-0.001 (-0.052)	-0.013*** (-3.413)
Ownership	0.003 (1.237)	-0.002 (-1.309)	-0.035*** (-6.525)	-0.001 (-1.101)
PPE	0.105*** (12.782)	-0.025*** (-5.464)	-0.106*** (-5.593)	-0.024*** (-5.336)
Lev	-0.021*** (-3.096)	-0.002 (-1.147)	-0.078*** (-5.104)	-0.030*** (-8.330)
Year	控制	控制	控制	控制
Constant	-0.060** (-2.549)	0.045*** (3.520)	-0.022 (-0.411)	0.045*** (3.522)
F	82.26	37.45	52.39	37.71
Adj R^2	0.218	0.120	0.150	0.121

数据显示，实施前后内源融资（EndoFund）在客户集中度与创新投入间均不存在中介效应，而外源融资（ExogFund）均存在部分中介效应。从回归系数来看，表4-10中，CusomerSales 与 EndoFund 的系数为 -0.013，大于表4-11中的系数 -0.011，即客户集中度对内源融资的负面影响在"中国制造2025"实施后更大；且表4-10中，CusomerSales 与 ExogFund 的系数为 0.050，大于表4-11中的系数 0.031，前者的中介效应占比为 11.6%，后者仅 3.1%，可见，"中国制造2025"实施后，客户集中度对外源融资的正向影响更大，且外源融资的中介效应占比更大。其可能的原因为：① 随着市场竞争的日益激烈，企业为寻求与客户更深入的合作，需要"牺牲"更多自身的利益；② "中国制造2025"实施为制造业提供了更宽泛、成本更小的融资渠道，帮助企业解决资金问题，鼓励企业创新，在此驱动下，企业更愿意"用别人的钱"进行创新投入。

4.6 进一步的分析和检验

根据表 4-6（2）列，可计算出外源融资在客户集中度与企业创新投入间产生的中介效应占比（温忠麟和叶宝娟，2014）为 11.42%（>10%），说明外源融资产生的中介效应较大。而外源融资又分为股权融资和债务融资，决定着企业的资本结构，对企业创新和创新绩效有显著影响。本书试图将外源融资分为股权融资、商业信用和银行借款，选择 2015—2018 年制造业企业作为研究样本，探讨其在客户集中度与创新投入中产生中介效应的差异。

运用模型（4-1）和模型（4-2），对股权融资、商业信用和银行借款是否存在中介效应及中介效应大小进行检验，结果如表 4-12 所示。（1）、（3）列结果显示，CustomerSales 与 Equity、TC 分别显著正相关，且（2）、（4）列中 Equity、TC 与 Innovation1 的回归系数也显著为正，说明股权融资和商业信用分别对客户集中度与企业创新投入之间的关系存在中介效应。从回归系数可知，商业信用的中介效应占比为 5.82%，而股权融资的中介效应占比为 14.80%，说明客户集中度对创新投入的影响中，股权融资对创新投入产生的间接影响比商业信用对创新投入产生的影响更大。

表 4-12（6）列中 Loan 对 Innovation1 的回归结果虽然在 1% 的显著性水平下显著，但系数为负，即 $\beta_1 \times \gamma_2$ 与 γ_1 的系数相反，说明银行借款在客户集中度与企业创新投入的关系中存在遮掩效应，即客户集中度对企业创新投入的促进作用会受到银行借款的抑制。这其中的原因可能是：客户集中度虽增强了企业的借款能力，但银行借款引起的还本付息现金流与创新项目持续现金投入之间存在冲突（李汇东等，2013），反而会因创新的高风险性增加企业的还债风险。计算可知，遮掩效应的比例为 4.50%。

表 4-12 中介效应检验结果

变量	Equity	Innovation1	TC	Innovation1	Loan	Innovation1
	（1）	（2）	（3）	（4）	（5）	（6）
CustomerSales	0.048*** (3.147)	0.012*** (3.171)	0.042*** (5.219)	0.013*** (3.427)	0.018* (1.839)	0.014*** (3.799)
Equity		0.037*** (9.181)				
TC				0.018** (2.029)		
Loan						-0.035*** (-5.598)

续表

变量	Equity (1)	Innovation1 (2)	TC (3)	Innovation1 (4)	Loan (5)	Innovation1 (6)
Size	-0.079*** (-29.626)	0.001 (1.416)	-0.009*** (-6.056)	-0.002*** (-2.701)	0.024*** (14.036)	-0.001 (-1.579)
Roa	-0.250*** (-5.475)	0.029*** (2.652)	-0.098*** (-4.091)	0.022* (1.940)	-0.471*** (-16.002)	0.004 (0.311)
Growth	0.026*** (5.082)	0.009*** (7.319)	0.013*** (4.738)	0.010*** (7.849)	0.006* (1.867)	0.010*** (8.234)
Top1	-0.083** (-3.948)	-0.013*** (-2.599)	0.002 (0.191)	-0.016*** (-3.179)	-0.039*** (-2.917)	-0.018*** (-3.453)
Ownership	-0.013** (-2.041)	-0.002 (-1.509)	-0.005 (-1.435)	-0.003* (-1.753)	-0.003 (-0.701)	-0.003* (-1.874)
PPE	-0.016 (-0.793)	-0.029*** (-5.716)	-0.251*** (-23.008)	-0.024*** (-4.442)	0.195*** (14.565)	-0.021*** (-4.079)
Year	控制	控制	控制	控制	控制	控制
Constant	2.149*** (36.099)	0.013 (0.747)	0.379*** (12.128)	0.086*** (5.794)	-0.403*** (-10.517)	0.078*** (5.284)
F	118.45	24.81	74.56	17.14	74.29	19.74
Adj R^2	0.245	0.068	0.169	0.047	0.169	0.054

从上述结果可知，股权融资的中介效应占比最高，说明股权融资对创新投入产生的间接影响比债务融资对创新投入产生的影响更大。其可能的原因是：① 从融资条件来看，债务融资限制条件多且大多需要有形资产进行担保，而创新投入产生的都是无形资产，股权融资的投资者更注重的是创新为企业带来的成长性(Bottazzi et al., 2001)，因此更愿意为企业创新提供资金；② 从财务风险来看，债务融资要求企业定期还本付息，对企业未来是否有稳定的现金流具有一定要求，加上风险较大的创新投入，无疑会增强企业的财务压力，而股权融资避免了这一情况，可以保障创新投入的连续性。

4.7 本章小结

供应链下游客户作为供应链结构中的重要节点，对企业资金流、经营等方面存在显著的影响。本书基于供应链管理视角，以资本结构理论为支撑，利用

2011—2019年沪深两市A股制造业上市公司样本,实证分析了客户稳定对企业创新投入的影响,并探讨了要素密集度的调节效应和融资结构的中介效应。研究结果表明:① 客户集中度与外源融资显著正相关,但与内源融资显著负相关;客户集中度波动不论方向,均与内源融资呈负相关关系,但客户集中度正向波动与外源融资显著正相关,客户集中度负向波动与外源融资显著负相关;客户变更与外源融资和内源融资均显著负相关。可见,客户集中度越高,企业利益相关者,特别是外部利益相关者,会认为企业的经营状态越好,企业更容易获取外源融资。但客户集中度的提高会增加企业对客户的依赖性,故企业会提供更高的商业信用以维持与客户的合作,避免因流失大客户带来的损失,增加企业为客户提供的商业信用。② 客户稳定不仅直接影响企业创新投入,也可以通过影响外源融资从而影响企业创新,即外源融资在客户集中度、客户集中度波动和客户变更与企业创新投入的关系中存在部分中介效应,但这种作用在内源融资中并不显著,这说明企业更愿意使用"别人的钱"进行高风险的创新投资。③ 相比技术密集型制造业企业,劳动密集型和资本密集型制造业企业的客户集中度对企业创新投入影响更大,且外源融资在要素密集度的调节效应中起到部分中介效应,说明非技术密集型制造业企业的创新投入更取决于企业的经营状况。④ "中国制造2025"实施后,客户集中度对内源融资和外源融资的影响均更大,且外源融资的中介效应更显著。⑤ 股权融资、银行借款和商业信用三种不同渠道的外源融资中,股权融资在客户集中度与企业创新投入中发挥的中介效应最大,商业信用次之,银行借款影响最小且存在遮掩效应,说明债权融资产生的影响要小于股权融资。此外,为了增强研究结果的可靠性,本章更换了客户稳定和创新投入的衡量方法进行稳健性检验,得到的分析结果同样支持本研究的主要结论。

  本研究对于深刻理解客户稳定与企业创新投入间的关系、揭示不同融资结构和要素密集度影响两者关系的内在机制具有重要的贡献。① 以外源融资和内源融资为中介变量,揭示了客户影响创新投入的路径,为供应链管理和财务管理研究提供了新的视角。已有研究更多的是探讨客户对企业创新的直接影响,本研究从资金层面深入探讨客户稳定对创新投入影响的路径和机制。发现了内源融资和外源融资两类不同融资结构在客户稳定影响创新投入过程中扮演的重要角色以及中介效应存在的差异,从资金来源视角挖掘了客户稳定与创新投入的关系,诠释了不同融资结构的中介效应,深化了企业创新投入资金来源路径的理论知识。② 基于资本结构相关理论,识别了不同融资渠道在客户集中度与创新投入关系中的作用差异。已有研究证实股权融资、债务融资对企业创新有显著影响，本研究将外源融资分为三类，深入探讨股权融资、商业信用和银行借款在客户集中度与创新投入关系中存在的差异，对资本结构理论在企业创新情景下进行了验证。③ 商业信用在客户集中度与创新投入关系中存在部分中介效应，随着供应链金融的不断发展，应收账款质押融资、保理业务逐渐扩张，商业信用融资成为企业新的融资渠道。因此，企业应重视对商业信用有效、合理的运用，帮助企业与客户建立稳定的合作关系，提高企业绩效，增强竞争力，同时加强管理，降低企业风险。

第 5 章　客户稳定、现金持有与创新投入

5.1　引言

  第 3 章和第 4 章从资金层面探讨了外源融资和内源融资对客户稳定与企业创新投入的影响存在显著差异，外源融资在两者关系中具有部分中介效应。从融资约束角度出发，企业为降低外部融资成本而储备现金。现金被视为企业的"血液"，对企业的健康运营与持续发展具有重要的战略影响（Oler 和 Picconi，2009），同时由于现金又是一种稀缺和极易被代理人随意使用的资源（Dittmar 和 Mahrt-Smith，2007；Fresard 和 Salva，2010）。近年来，现金持有与管理一直是理论界关注的重要问题。已有研究发现，关于公司持有现金的动机主要包括以下四种：交易性动机、预防性动机、税收成本动机和代理动机（Miller 和 Orr，1966；Dittmar A. et al.，2003；Foley C. F. et al.，2007）。可见，企业的现金持有水平是通过多方因素来确定的。在"中国制造 2025"背景下，制造业转型升级的契机，企业与客户建立的合作关系势必会影响企业现金流，改变企业现金持有水平。本章将针对此问题展开研究，从财务风险的视角探讨现金持有对客户稳定与创新投入产生的影响。

  以客户特别是大客户作为企业的重要资源，对企业而言具有经济重要性和战略重要性，但过高的客户集中度势必会降低企业的议价能力，增强对客户的依赖，同时，若更换合作伙伴，企业可能会遭受冲击，企业是否会因此改变现金持有水平？这种改变是否影响客户稳定与创新投入之间的关系？已有研究证实，政府补助和税收激励是政府促进企业创新投入的重要途径（Hall 和 Van，2000；Aerts 和 Schmidt，2008）。《中国制造 2025》也明确提出加大财税政策支持力度，包括加强财政资金支持和减轻企业税收负担。政府对制造业的大力支持是否会改变企业现金持有水平？不同的支持渠道是否存在差异？本章将考察客户稳定、现金持有水平与创新投入三者间的关系，并进一步探讨不同政府支持下的差异，对上述问题进行全面考察。

5.2 理论分析与研究假设

5.2.1 客户稳定与现金持有

随着供应链管理模式的推广和应用，供应链关系在公司财务决策中的作用愈显重要。Itzkowitz（2013）提出，专用性资产使上下游企业受公司申请破产的影响十分显著，公司为了对冲供应链关系中的风险会持有额外的流动资产。现金持有作为企业经营的一项重要战略决策，不仅可以控制企业财务风险，而且对企业竞争战略发挥效应。客户作为企业重要的利益相关者，从企业风险管理出发，客户稳定对企业现金持有的影响有如下方面：

（1）企业会为主要客户提供更多的商业信用，但当主要客户陷入财务困境或宣告破产时，企业面临失去预期现金流的风险，且可能会遭受股票收益负向波动（Hertzel et al., 2008）。因此，基于预防性动机，客户集中度越高的公司对关键客户的依赖程度越大，会持有更多现金（Banerjee et al., 2008; Itzkowitz, 2013）。

（2）企业与客户的合作关系发生的波动，可分为正向波动和负向波动。具体而言，合作关系正向波动即客户集中度增加，表现为更为集中的合作关系，客户的财务风险对企业影响增大，且需承担更多的商业信用，故企业会持有更多现金。相反，合作关系的负向波动即客户集中度降低，虽降低了对关键客户的依赖，但加大了与客户长期稳定合作的风险，对经营活动产生负面影响。因此，企业会倾向于持有更多现金避免资金短缺。

（3）发生客户变更的公司，其面临风险也越高。如果客户变更，将导致关系专用性投资的价值贬损，专用性程度越高，其被重新配置于其他用途时需要耗费的成本和价值损失越大（Banerjee et al., 2008），从而给公司带来高额的转换成本，导致现金流风险和财务困境风险（Hertzel et al., 2008; Whited 和 Wu, 2006）。此外，"买方市场"下，强势的客户会迫使公司降低销售价格、延长收款时间、提供更多的商业信用等，变更客户的公司可能不得不让渡更多的资金使用权，迎合客户的自利需求，降低企业自身宝贵的流动资金。更为严重的是，若更换大客户，企业的存货积压、销售业绩会迅速恶化，在短期内寻找新的、合适的客户，需要付出更高的成本，且难度较大，企业经营风险增大。因此，为了预防上述可能出现的风险，发生客户变更的公司往往在财务上更为保守，持有大量的现金。

相比高额持有现金出现的资产配置效率降低等问题（戴璐和汤谷良, 2007），企业更担心因现金储备不足，造成投资机会丧失、引发资金链中断出现较高的破产风险等危机。因此，当客户集中、波动或变更增强企业财务风险时，企业基于预防性动机，为确保有充足的资金，降低财务风险和现金流风险，会选择更高的现金持有水平。基于以上分析，提出本书假设 H_1：

假设 H_{1a}：客户集中度越高，企业现金持有水平越高。

假设 H_{1b}：客户集中度波动程度越高，企业现金持有水平越高。

假设 H_{1c}：客户变更程度越大，企业现金持有水平越高。

5.2.2 现金持有的中介效应

学者们研究发现，为抵御外部融资约束，企业往往会使用所持有的现金以弥补现金流的不足，因此，为保障创新投入的长期、稳定，企业出于预防性会增加现金储备量。创新投入较多的企业，其现金持有率更高（Opler et al., 1999）。Schroth 和 Szalay（2010）认为，企业为了技术创新，需要储备充足的现金。企业与客户的合作关系不仅直接影响企业内部现金流，对银行借款、股权融资等外部融资也存在显著影响。基于预防性动机，本书认为现金持有会从以下方面影响客户稳定与创新投入的关系：

第一，议价能力。客户集中度越高，客户议价能力越强，企业对客户的依赖性越强。客户议价能力会迫使企业在交易过程中做出让步，进而影响企业利润和业绩（Porter, 1979）。因此，为避免创新投入资金链短缺，保持一定程度的现金持有水平，将有助于客户集中可能造成的现金流问题，促进企业创新投入。

第二，融资成本。客户与企业建立的信任关系是企业重要的社会资本，企业与客户合作关系的负向波动或变更，会打破这种"信任"关系，不利于外部投资者对企业的评估，导致融资成本提高。因此，现金持有可以避免调整高昂的融资成本，保证创新投入的稳定。

第三，专用投资。客户集中度越高，企业专用投资程度越大。当客户集中度增加，客户关系正向波动时，企业会加强专用资产投入，企业与客户关系更紧密，但同时，更具有优势的客户也会享受到更多的商业信用（Fabbri 和 Klapper, 2016），并不利于企业现金流流入。因此，现金持有可以作为一个资金缓冲池，补给创新投入资金。

基于上述分析，本书提出假设 H_2：

H_{2a}：现金持有在客户集中度与创新投入之间存在部分中介效应。

H_{2b}：现金持有在客户集中度正向波动与创新投入之间存在部分中介效应，

但在客户集中度负向波动之间存在部分遮掩效应。

H_{2c}：现金持有在客户变更程度与创新投入之间存在部分遮掩效应。

5.2.3 要素密集度的调节效应

Brown 和 Petersen（2011）对研究密集型企业研究发现，企业会采用储备现金来调节研究支出，且研究密集型企业的现金持有水平更高（Opler et al., 1999）。杨兴全和孙杰（2007）对中国上市公司实证研究发现，企业现金持有量在行业间存在显著的差异。根据要素密集度，企业可分为技术密集型、资本密集型和劳动密集型。其中技术密集型企业的创新投入最多，其对现金持有水平的需求也不同。因此，在探讨客户稳定、现金持有与创新投入三者关系时，应考虑要素密集度的影响。

基于上述分析，本书提出假设 H_3：

H_3：客户集中度对创新投入的影响在劳动密集型和资本密集型行业要大于技术密集型行业，且对创新投入的调节效应是通过现金持有来实现的。

5.3 研究设计

5.3.1 样本选择与数据来源

本书选择 2011—2019 年制造业上市公司作为研究样本，并剔除研究期间相关数据缺失和被特殊处理的公司，研究数据均来自上市公司年报和 CSMAR 数据库。为了消除极端值的影响，本书对连续变量按 1% 水平进行 Winsorize 处理，同时为了避免内生性问题，对部分变量采取滞后一期处理。

5.3.2 变量定义

1．被解释变量：创新投入

创新投入（Innovation1）数据与第 3 章一致，采用创新投入与营业收入的比值来衡量。在稳健性检验中，采用创新投入与总资产的比值来衡量。

2．解释变量：客户稳定

客户稳定采用第 3 章的选取方式，分别采用客户集中度（CustomerSales）、客户集中度波动（CustomerFlu）和客户变更（CustomerVary）作为实证检验的指标。在稳健性检验时，采用前五名客户合计销售金额占年度销售总额比例

(CustomerSales），详细参见本书3.3.2节，在此不再赘述。

3．现金持有

现有文献中，大多采用以下三种方式对现金持有水平进行衡量：①货币资金加上交易性资产与总资产的比值；②现金及现金等价物与总资产比值；③现金及现金等价物与总资产扣除现金及现金等价物的比值。本书借鉴Haushalter et al.（2007）、杨兴全等（2016）的研究方法，选取现金及现金等价物/（总资产－现金及现金等价物）作为现金持有水平的替代变量。

4．要素密集度

要素密集度采用第3章设置行业异质性哑变量（FI）。技术密集型制造业表示为1，其他表示为0。

5．控制变量

参照以往有关文献，本书对可能对企业融资行为和创新投入产生重要影响的多个变量进行了控制，包括：企业规模（Size）、企业盈利能力（Roa）、企业成长性（Growth）、股权集中度（Top1）、所有权性质（Ownership）、资产期限结构（PPE）和年度（$Year_i$）。

上述变量的具体形式见表5-1。

表5-1 变量定义

变量类型	变量名称	变量代码	变量定义
被解释变量	创新投入	Innovation1	$\dfrac{t\text{期创新投入}}{t-1\text{期营业收入}}$
		Innovation2	$\dfrac{\text{Innovation1}_{i,t} - \text{Innovation1}_{i,t-1}}{\text{Innovation1}_{i,t-1}}$
解释变量	客户稳定	CustomerSales	$t-1$期前五名客户销售之和占全部销售额的比例
		CustomerFlu1	$\dfrac{\text{Customer}_{i,t} - \text{Customer}_{i,t-1}}{\text{Customer}_{i,t-1}}$
		CustomerFlu2	$\dfrac{\left|\text{Customer}_{i,t} - \text{Customer}_{i,t-1}\right|}{\text{Customer}_{i,t-1}}$
		CustomerVary	客户变更：CustomerSales，客户未变更=0
		CustomerHHI	$t-1$期前五名客户各自销售额占销售总额比例的平方和

续表

变量类型	变量名称	变量代码	变量定义
中介变量	现金持有	Cash	$\dfrac{t-1\text{期现金及现金等价物}}{t-1\text{期总资产}-\text{现金及现金等价物}}$
调节变量	要素密集度	FI	哑变量，1表示技术密集型企业，0表示其他
控制变量	企业规模	Size	t期资产总额的自然对数
	企业盈利能力	Roa	t期公司净利润与总资产平均余额的比例
	企业成长性	Growth	t期营业收入增长率
	股权集中度	Top1	t期第一大股东持股比例
	所有权性质	Ownership	t期实际控制人的类型
	资产期限结构	PPE	$\dfrac{t\text{期固定资产净额}}{t\text{期总资产}}$
	资产负债率	Lev	$\dfrac{t\text{期总负债}}{t\text{期总资产}}$
	年度	Year_i	哑变量，1表示t期所属年份，0表示其他（其他$i=1, 2, 3, 4, 5, 6, 7$）

5.3.3 研究模型

本章所涉及的客户稳定、要素密集度和创新投入的实证结果，详细参见本书 3.4.3 节，在此不再赘述。

为检验本书假设 H_1、H_2，即检验现金持有在客户稳定与创新投入关系中的部分中介效应，构建模型（5-1）和模型（5-2）：

$$\text{Cash}_{i,t} = \beta_0 + \beta_1 \text{Customer}_{i,t} + \beta_2 \text{Control}_{i,t} + \varepsilon_{i,t} \quad (5\text{-}1)$$

$$\text{Innovation}_{i,t} = \gamma_0 + \gamma_1 \text{Customer}_{i,t-1} + \gamma_2 \text{Cash}_{i,t-1} + \gamma_3 \text{Control}_{i,t} + \varepsilon_{i,t} \quad (5\text{-}2)$$

此外，为验证本书假设 H_3，即检验要素密集度通过现金持有在客户集中度与企业创新投入关系中的调节效应，构建模型（5-3）和模型（5-4）：

$$\text{Cash}_{i,t} = \beta_0 + \beta_1 \text{CustomerSale}_{i,t} + \beta_2 \text{FI}_{i,t} + \beta_3 \text{CustomerSale}_{i,t} \times \text{FI}_{i,t} + \beta_4 \text{Control}_{i,t} \quad (5\text{-}3)$$

$$\begin{aligned} \text{Innovation}_{i,t} = & \gamma_0 + \gamma_1 \text{CustomerSale}_{i,t-1} + \gamma_2 \text{FI}_{i,t} + \\ & \gamma_3 \text{CustomerSale}_{i,t-1} \times \text{FI}_{i,t} + \delta_1 \text{Cash}_{i,t-1} + \\ & \delta_2 \text{Cash}_{i,t} \times \text{FI}_{i,t} + \gamma_4 \text{Control}_{i,t} + \varepsilon_{i,t} \end{aligned} \qquad (5\text{-}4)$$

5.4 实证分析

5.4.1 变量的描述性统计

表 5-2 列示了部分相关变量的描述性统计分析。结果显示，现金持有（Cash）的均值为 0.235，最小值为 0.011，最大值为 1.637，表明制造业上市公司现金持有水平差异很大。其他变量的描述性统计分析与第 3 章大体一致，这里不再赘述。

表 5-2 主要变量的描述性统计

变量	均值	标准值	最小值	p25	p50	p75	最大值
Cash	0.235	0.271	0.011	0.078	0.144	0.277	1.637

表 5-3 是各主要变量的 Pearson 相关性检验结果。从表 5-3 可知，客户集中度与现金持有显著正相关，表明客户集中度越高，现金持有越高。同时，本书对模型进行了方差膨胀因子 VIF 检验，其值为 1.24，远小于临界值 10，表明模型的主要变量之间不存在显著的共线性问题。

表 5-3 主要变量的相关系数矩阵

	Innovation1	CustomerSales	Cash	FI
Innovation1	1.000			
CustomerSales	0.104***	1.000		
Cash	0.117***	0.076***	1.000	
FI	0.310***	0.140***	0.068***	1.000

5.4.2 实证结果分析

通过模型（5-1）对假设 H_1 进行检验，回归结果分别如表 5-4 中（1）、（3）、（5）、（7）列所示。（1）列中，客户集中度（CustomerSales）越高，现金持有（Cash）越高，结果在 1% 的显著性水平下显著。假设 H_{1a} 成立。（3）、（5）列分别是客户集中度正向波动（CustomerFlu1）和负向波动（CustomerFlu2）对现

第 5 章　客户稳定、现金持有与创新投入

金持有的影响，结果显示，客户集中度波动不论正负均与现金持有呈显著正相关关系，即客户集中度波动越大，现金持有水平越高。从回归系数来看，CustomerFlu1 与 Cash 系数为 0.017，而 CustomerFlu2 与 Cash 的系数为 0.054，说明相对于客户集中度增加，客户集中度降低对企业现金持有水平影响更大。其可能的原因是：① 客户集中度降低，使客户与企业合作减弱，增大了企业财务风险，为避免更大的经验损失，企业会持有更多的现金，以备"不时之需"；② 客户集中度增加，企业议价能力降低，企业会提供更多的商业信用从而加大现金持有的程度，但企业与客户的关系会更紧密，对企业经营不造成影响，对现金流的影响并不严重。假设 H_{1b} 成立。表 5-4 中（7）列显示，客户变更（CustomerVary）对现金持有（Cash）呈显著正相关关系，结果在 10% 的显著性水平下显著，且相关系数为 0.056，在上述变量中的系数最大，说明变更客户，特别是大客户，对企业现金持有影响最大。假设 H_{1c} 成立。

表 5-4 中（2）、（4）、（6）、（8）列分别利用模型（5-2）检验了假设 H_2。结果显示，Cash 的回归系数均在 10% 及以上的显著性水平下显著为正，且客户集中度（CustomerSales）、客户集中度波动（CustomerFlu）和客户变更（CustomerVary）的回归系数也均在 5% 及以上的显著性水平下显著。比较回归系数 $\beta_1 \times \gamma_2$ 与 γ_1 可知，CustomerSales、CustomerFlu1 样本组符号一致，而 CustomerFlu2、CustomerVary 样本组符号相反。可见，现金持有对客户集中度和客户集中度正向波动与企业创新投入的影响存在部分中介效应，即客户集中度和客户集中度正向波动不仅直接影响企业创新投入，还会通过现金持有对企业创新投入产生间接影响；而现金持有对客户集中度负向波动和客户变更与企业创新投入的影响表现为部分遮掩效应，即客户集中度负向波动或客户变更对创新投入的负面影响可以通过现金持有得到缓解。假设 H_{2a}、H_{2b} 和 H_{2c} 得到验证。但从回归系数来看，现金持有产生的中介效应占比仅 4.85%，说明企业可能更倾向于持有现金以防范未来风险。

为进一步验证假设 H_3，本书分别通过调节变量检验、中介变量验证，利用模型（5-3）和模型（5-4），分析要素密集度通过现金持有对客户集中度和创新投入关系的调节效应，结果如表 5-5 所示。（1）列中 CustomerSales 的回归系数与（2）列中 Cash×FI 的回归系数均在 1% 显著性水平下显著，表明中介调节模型成立。（2）列的结果中，CustomerSale×FI 的回归系数在 1% 显著性水平下显著，说明现金持有在要素密集度的调节效应中存在部分中介效应，即相比技术密集型制造业企业，非技术密集型制造业企业的客户集中度通过现金持有对企业创新投入的影响更大。验证了本书假设 H_3。

表 5-4　现金持有中介效应检验结果

变量	Cash (1)	Innovation1 (2)	Cash (3)	Innovation1 (4)	Cash (5)	Innovation1 (6)	Cash (7)	Innovation1 (8)
CustomerSales	0.063*** (4.289)	0.013*** (5.440)						
CustomerFlu1			0.017* (1.879)	0.005*** (3.116)				
CustomerFlu2					0.054** (2.040)	−0.008* (−1.718)		
CustomerVary							0.056** (2.222)	−0.013*** (−3.113)
Cash		0.010*** (5.197)		0.010*** (3.368)		0.017*** (6.326)		0.007* (1.771)
Size	−0.001 (−0.463)	−0.001 (−1.109)	0.006 (1.439)	−0.001 (−1.050)	0.007* (1.694)	−0.001* (−1.833)	−0.003 (−0.832)	−0.000 (−0.817)
Roa	0.100* (1.928)	0.017** (2.001)	−0.042*** (−4.037)	0.001 (0.366)	−0.021** (−2.025)	0.001 (0.469)	−0.002 (−0.155)	0.001 (0.578)
Growth	0.015*** (2.976)	0.012*** (15.034)	0.020*** (2.816)	0.012*** (9.530)	0.030*** (4.220)	0.011*** (9.333)	0.010 (1.512)	0.008*** (7.025)
Top1	0.081*** (4.199)	−0.017*** (−5.344)	0.059** (2.007)	−0.019*** (−3.673)	(3.101)	−0.013*** (−2.727)	0.086*** (2.936)	0.000 (0.069)
Ownership	0.011* (1.712)	−0.003*** (−3.174)	0.007 (0.797)	−0.004*** (−2.636)	0.009 (1.091)	−0.003* (−1.805)	0.009 (0.958)	−0.000 (−0.267)
PPE	−0.416*** (20.010)	−0.024*** (−6.983)	−0.188*** (−6.710)	−0.024*** (−4.690)	−0.213*** (−7.701)	−0.025*** (−5.427)	−0.243*** (−8.064)	−0.032*** (−6.130)
Lev	−0.406*** (−23.552)	0.017**' (−5.706)	−0.434*** (−19.887)	−0.016*** (−3.896)	−0.490*** (−22.642)	−0.019*** (−5.114)	−0.337*** (−15.220)	−0.023*** (−5.765)
Year	控制	控制	控制	控制	控制	控制	控制	控制
Constant	0.703*** (11.646)	0.063*** (6.358)	1.539*** (6.926)	0.037 (0.930)	1.168*** (5.339)	0.039 (1.081)	0.623*** (8.498)	0.063*** (4.967)
F	164.57	51.17	59.87	18.35	78.37	23.80	41.45	15.73
Adj R²	0.242	0.095	0.203	0.074	0.239	0.090	0.224	0.101

表 5-5　现金持有调节效应检验结果

变量	Cash (1)	Innovation1 (2)
CustomerSales	0.064*** (2.637)	0.022*** (5.908)
FI	−0.013 (−1.161)	0.029*** (15.119)
CustomerSale×FI	0.005 (0.158)	−0.025*** (−5.294)

续表

变量	Cash （1）	Innovation1 （2）
Cash		0.005** (1.983)
Cash×FI		0.009*** (2.833)
Size	-0.001 (-0.424)	-0.001 (-1.550)
Roa	0.099* (1.903)	0.018** (2.170)
Growth	0.015*** (3.053)	0.011*** (14.648)
Top1	0.079*** (4.088)	-0.013*** (-4.185)
Ownership	0.011* (1.718)	-0.003*** (-3.512)
PPE	-0.431*** (-19.537)	0.004 (1.190)
Lev	-0.406*** (-23.540)	-0.017*** (-6.036)
Year	控制	控制
Constant	0.711*** (11.642)	0.044*** (4.557)
F	145.48	80.75
Adj R^2	0.243	0.165

5.4.3 稳健性检验

为检验要素密集度和现金持有对客户稳定与企业创新投入的调节效应和中介效应的稳定性，增强本研究的可信度，本书分别对客户稳定和创新投入进行重新衡量，并进行如下稳健性检验：

（1）对客户稳定进行了衡量，即使用前五名客户销售额占销售总额比例的平方和（CustomerHHI）来度量。具体的回归分析结果如表5-6所示，研究结论与之前保持一致。

表 5-6　稳健性检验结果 1

变量	Cash (1)	Innovation1 (2)	Cash (3)	Innovation1 (4)
CustomerHII	0.089** (2.494)	0.018** (2.446)	−0.010 (−0.148)	0.031** (2.401)
FI			−0.040* (−1.794)	0.031*** (7.048)
CustomerHII*FI			0.142* (1.766)	−0.035** (−2.253)
Cash		0.009** (2.427)		0.001 (0.208)
Cash*FI				0.017*** (2.584)
Size	−0.008** (−2.283)	−0.001 (−0.922)	−0.008** (−2.341)	−0.001 (−1.234)
Roa	0.149*** (2.874)	−0.007 (−0.664)	0.151*** (2.910)	−0.001 (−0.065)
Growth	0.013** (2.436)	0.010*** (7.657)	0.013** (2.145)	0.008*** (7.083)
Top1	0.061** (2.436)	−0.003 (−0.495)	0.060** (2.422)	−0.002 (−0.316)
Ownership	0.031*** (4.333)	0.001 (0.639)	0.031*** (4.333)	0.001 (0.796)
PPE	−0.275*** (−11.916)	−0.033*** (−6.605)	−0.279*** (−11.469)	−0.002 (0.499)
Lev	−0.222*** (−10.959)	−0.021*** (−4.923)	−0.220*** (−10.853)	−0.021*** (−5.211)
Year	控制	控制	控制	控制
Constant	0.433*** (6.260)	0.065*** (4.431)	0.454*** (6.293)	0.045*** (3.146)
F	42.69	20.09	36.19	45.96
Adj R²	0.129	0.069	0.128	0.178

（2）对创新投入进行了衡量，即用第 t 期的创新投入减去第 $t-1$ 期的创新投入除以 t 期创新投入比值（Innovation2）来度量。其值如果大于 0 则表示本年度创新投入较上一年度增加，如果小于 0，则表示本年度的创新投入较上一个年度增加。具体的回归分析结果如表 5-7 所示，没有改变前文的结论。

表 5-7 稳健性检验结果 2

变量	Cash (1)	Innovation2 (2)	Cash (3)	Innovation2 (4)
CustomerSales	0.053*** (3.467)	0.018*** (4.791)	0.010 (0.400)	0.028*** (4.636)
FI			−0.013 (−1.100)	0.031*** (10.191)
CustomerSales×FI			0.064** (2.020)	−0.028*** (−3.721)
Cash		0.013*** (3.645)		0.004 (0.729)
Cash×FI				0.013* (1.894)
Size	−0.009*** (−3.027)	−0.001* (−1.722)	−0.009*** (−3.129)	−0.002** (−2.466)
Roa	0.159*** (3.228)	0.014 (1.154)	0.163*** (3.298)	0.019 (1.618)
Growth	0.011** (2.249)	0.012*** (9.938)	0.011** (2.202)	0.012*** (9.909)
Top1	0.035* (1.708)	−0.020*** (−3.954)	0.035* (1.709)	−0.016*** (−3.279)
Ownership	0.032*** (4.966)	−0.004** (−2.448)	0.033*** (5.028)	−0.004** (−2.431)
PPE	−0.321*** (−15.187)	−0.030*** (−5.713)	−0.316*** (−14.121)	−0.001 (−0.173)
Lev	−0.222*** (−12.356)	−0.010** (−2.209)	−0.222*** (−12.356)	−0.011** (−2.431)
Year	控制	控制	控制	控制
Constant	0.503*** (8.127)	0.083*** (5.442)	0.517 (8.280)	0.070*** (4.680)
F	63.97	26.04	54.62	43.45
Adj R²	0.137	0.064	0.138	0.127

5.5 "中国制造 2025"实施前后差异性分析

"中国制造 2025"的战略目标是制造业素质大幅提升,创新能力显著增强。面对新的形势和新的契机,企业会更充分地利用资源进行投资活动,加大创新投入，提升自身竞争能力，势必会改变现金持有水平。因此，为进一步探讨"中国制造 2025"实施产生的影响，对实施前后 2011—2014 年和 2015—2018 年样本企业的客户稳定、现金持有与创新投入进行差异性分析。

5.5.1 差异检验

表 5-8 的差异性检验显示，"中国制造 2025"实施前的样本公司的现金持有指标的均值与中位数分别为 0.274 和 0.158，而实施后的样本公司现金持有指标的均值与中位数分别为 0.196 和 0.130，均值 T 检验与中位数 Z 检验均显示实施后样本组企业的现金持有水平显著小于实施前的，说明实施后样本企业持有现金水平普遍降低。

表 5-8 差异性检验

变量	2015—2018 N	Mean	Median	2011—2014 N	Mean	Median	Mean T-Test	Median Z-Test
Cash	4405	0.196	0.130	3270	0.274	0.158	−0.152***	−87.149***

5.5.2 实证结果分析

与前文一致，将研究样本分为实施后和实施前两组，运用模型（5-1）和模型（5-2），比较实施前后客户集中度、现金持有对企业创新投入影响的差异。

表 5-9 分别报告了 2015—2018 与 2011—2014 年样本公司客户集中度、现金持有与创新投入的回归结果。数据显示，两个样本组的现金持有（Cash）在客户集中度与创新投入间均存在部分中介效应。从回归系数来看，2015—2018 年样本组 CusomerSales 与 Cash 的系数为 0.028，小于 2011—2014 年的系数 0.091；中介效应占比分别为 2.45% 和 6.83%。可见，"中国制造 2025"实施前，客户集中度对现金持有的正向影响更大，且现金持有的中介效应占比更大。其可能的原因为：① 更加鼓励制造业进行创新投入，因此，企业更愿意将资金用作投资，而非高额持有；② 提出了金融扶持政策和财税政策，不仅缓解了企业的融资约束，也在一定程度上激励了企业创新转型。

表 5-9 比较实证分析结果

变量	2015—2018 (1)	(2)	2011—2014 (3)	(4)
CustomerSales	0.028* (1.723)	0.016*** (4.705)	0.091*** (3.388)	0.008** (2.403)

续表

变量	2015—2018		2011—2014	
	（1）	（2）	（3）	（4）
Cash		0.014*** (4.239)		0.006*** (3.045)
Size	-0.011*** (-3.412)	-0.001** (-1.986)	0.008 (1.535)	0.001 (1.201)
Roa	0.173*** (3.173)	0.017 (1.448)	0.004 (0.037)	0.021* (1.689)
Growth	0.015*** (2.770)	0.012*** (9.985)	0.012 (1.345)	0.013*** (12.319)
Top1	0.035 (1.570)	-0.018*** (-3.854)	0.129*** (3.920)	-0.016*** (-4.087)
Ownership	0.032*** (4.525)	-0.005** (-3.250)	-0.010 (-0.891)	-0.001 (-0.844)
PPE	-0.332*** (-14.527)	-0.026*** (-5.272)	-0.517*** (-13.654)	-0.020*** (-4.308)
Lev	-0.228*** (-11.745)	-0.010** (-2.306)	-0.612*** (-20.116)	-0.028*** (-7.129)
Year	控制	控制	控制	控制
Constant	0.559*** (8.370)	0.084*** (5.856)	0.576*** (5.302)	0.041** (3.095)
F	58.32	27.08	135.94	39.04
Adj R²	0.125	0.066	0.312	0.123

5.6 进一步的分析和检验

已有研究证实，政府资助（Hamberg，1966；解维敏等，2009）、税收优惠（Tokila et al.，2008；刘放等，2016）均对企业创新投入有促进作用。政府资助和税收优惠是政府对企业创新的两种支持方式。其中，政府资助是企业从政府部门直接获取的研究财政资助，对企业创新投入起着不可或缺的作用；税收优惠降低了创新投入企业的税收负担，有利于企业资金的积累，并降低了企业创新的资本成本。同时，《中国制造 2025》明确提出加大财政支持力度。因此，政府支持对客户稳定与创新投入会产生怎样的影响，还需要进一步验证。

本书选取当期政府直接财政资助额与期初营业收入之比作为政府资助（Subsidy）衡量指标；选取实际税率，即所得税费用与税前利润之比作为税收激励（Erp）衡量指标，为方便理解，本书在计算实际利率时选取用其相反数来衡量，即 Erp 越大，税收优惠程度越高。构建模型（5-5），检验政府支持对客户稳定与创新投入关系的调节效应。同时，根据现金持有水平，将样本企业分为两组，区分不同现金持有水平对结果产生的差异。

$$Innotation_{i,t} = \beta_0 + \beta_1 CustomerSales_{i,t-1} + \beta_2 Gov_{i,t-1} +$$
$$\beta_3 CustomerSales_{i,t-1} \times Gov_{i,t-1} + \beta_4 Control_{i,t} + \varepsilon \quad （5-5）$$

运用模型（5-5）对客户集中度、政府支持和创新投入进行实证检验，结果如表 5-10 所示。（1）、（2）列为全样本结果，结果显示，CustomerSales × Subsidy 与 Innovation 在 1% 的显著性水平下显著正相关，说明政府直接资助能显著增强客户集中与创新投入的关系。而 CustomerSales × Erp 与 Innovation 虽呈正相关关系，但并不显著，即税收优惠对客户集中与创新投入的影响关系并不明显。

表 5-10 中（3）、（4）列和（5）、（6）列分别为现金持有水平高样本组与低样本组结果。具体来看，CustomerSales × Subsidy 与 Innovation 均显著正相关，但现金持有水平较低的样本组的系数为 0.947，高于现金持有水平较高样本组的系数 0.797，说明企业保持较低现金持有水平时，政府的直接资助影响更大。本书认为，客户集中度高，表明企业与客户的关系紧密，但相应企业对客户的依赖性增强，企业的财务风险会有所增加，政府的直接资助在一定程度上缓解了企业的创新资金问题，降低了企业创新投入的风险，对现金持有水平较低的企业而言是"雪中送炭"。而 CustomerSales × Erp 与 Innovation 仅在现金持有水平较高的样本组显著，表现为显著正相关关系。不同于政府资助的"事前"补助，税收优惠是"事后"补贴，因此，并不能及时缓解因客户集中带来的财务风险，但税收优惠在一定程度上降低了创新投入的资本成本，激励企业进行创新投入，在现金持有水平较高的企业影响更大，说明税收优惠对企业而言是"锦上添花"。

表 5-10　进一步检验结果

变量	全样本		现金持有水平高		现金持有水平低	
	（1）	（2）	（3）	（4）	（5）	（6）
CustomerSales	0.007* (1.709)	0.024*** (3.381)	0.008 (1.168)	0.035** (2.362)	0.006 (1.080)	0.025*** (3.146)
Subsidy	0.395*** (4.547)		0.522*** (3.619)		0.316*** (2.817)	
CustomerSales × Subsidy	0.830*** (4.151)		0.797** (2.294)		0.947*** (3.730)	

续表

变量	全样本		现金持有水平高		现金持有水平低	
	（1）	（2）	（3）	（4）	（5）	（6）
Erp		0.042***		0.095***		0.029**
		(3.754)		(3.452)		(2.306)
CustomerSales × Erp		0.041		0.218**		0.043
		(1.302)		(2.462)		(1.223)
Size	−0.000	−0.001	0.000	0.001	−0.001	−0.002**
	(−0.525)	(−1.276)	(0.330)	(0.696)	(−1.085)	(−2.092)
Roa	0.007	0.007	0.050**	0.056**	−0.011	−0.013
	(0.580)	(0.616)	(2.254)	(2.438)	(−0.761)	(−0.960)
Growth	0.009***	0.009***	0.009***	0.004**	0.010***	0.011***
	(7.666)	(7.593)	(4.298)	(2.086)	(6.179)	(7.495)
Top1	−0.012**	−0.013***	−0.024***	−0.028***	−0.008	−0.009
	(−2.548)	(−2.761)	(−2.807)	(−3.173)	(−1.280)	(−1.542)
Ownership	−0.004***	−0.002	−0.004	0.001	−0.005**	−0.004**
	(−2.607)	(−1.448)	(−1.378)	(0.353)	(−2.425)	(−2.329)
PPE	−0.025***	−0.032***	−0.037**	−0.062***	−0.022***	−0.022***
	(−4.985)	(−6.376)	(−2.374)	(−5.344)	(−3.761)	(−3.936)
Lev	−0.015***	−0.012***	−0.008	−0.018*	−0.015***	−0.009*
	(−3.384)	(−2.785)	(−0.990)	(−1.955)	(−2.918)	(−1.840)
Year	控制	控制	控制	控制	控制	控制
Constant	0.060***	0.085***	0.044*	0.074***	0.071***	0.095***
	(3.939)	(5.679)	(1.699)	(2.742)	(3.733)	(5.267)
F	40.97	25.20	15.78	12.66	25.44	16.60
Adj R^2	0.120	0.071	0.137	0.116	0.109	0.064

5.7 本章小结

从资金支持角度出发，本章考察了客户稳定、现金持有与创新投入的关系，并探讨了要素密集度的调节效应。研究结果表明：① 客户集中度越高，企业现金持有水平越高；客户集中度波动不论正负，其波动程度越大，现金持有水平越高；客户变更程度越大，现金持有水平越高。可见，基于预防性动机，当客户集中、波动或发生变更时，企业均会提高现金持有水平。② 客户稳定不仅直接影响企业创新投入，也可以通过影响现金持有从而影响企业创新，具体来看，现金持有在客户集中度和客户集中度正向波动与企业创新投入的关系中存在部分中介效应，在客户集中度负向波动和客户变更中存在部分遮掩效应。③ 相比技术密集型企业，劳动密集型和资本密集型企业的客户集中度对创新投入影响更大，且现金持有在要素密集度的调节中起到部分中介效应，即非技术密集型制造业的创新投入受企业现金持有水平影响更大。④"中国制造2025"实施前，客户集中度对现金持有及现金持有的中介效应影响更大。⑤进一步研究发现，政府直接财政资助对企业表现为"雪中送炭"，即政府资助能显著提高客户集中度与企业创新投入的正相关关系，且在现金持有水平较低的企业影响更大；而税收优惠仅在现金持有水平较高的企业影响显著，更多的是对企业的创新激励，表现为"锦上添花"。此外，为了增强研究结果的可靠性，本书更换了客户稳定和创新投入的衡量方法进行稳健性检验，得到的分析结果同样支持本研究主要结论。

  本研究对深刻理解现金持有和要素密集度影响客户稳定与创新投入的影响机制具有重要的贡献。①客户稳定并未降低企业现金持有水平，相反，客户集中度增加会使现金持有水平提高，这可以从企业财务风险和合作两个层面进行解释。即客户集中，企业对客户的依赖性增强，且企业受主要客户的风险影响更大，同时，在"买方市场"为主的环境下，企业与客户合作紧密，会迫使企业让出更多的商业信用，从而降低企业经营现金流。因此，企业为预防可能出现的风险会增加现金持有。从供应链视角，挖掘了客户稳定与现金持有的关系，深化了供应链管理对现金持有的理论知识。②以现金持有为中介变量，解释了客户稳定影响创新投入的路径，从资金支持层面，为创新投入提供了新的经验证据。③基于政府支持对企业创新的影响，从资金直接支持和税收间接支持两个角度，识别了不同支持方式在客户集中度与创新投入关系中存在的差异，帮助企业充分利用资源，加强现金持有管理。④通过"中国制造2025"实施前后制造业上市企业现金持有水平和现金持有中介效应的对比，帮助企业对"中国2025"政策解读，加强现金持有管理，避免风险的同时，合理地运动资金，加强创新投入，利用契机，不断增强自身竞争力。

第6章 客户稳定、管理者过度自信与创新投入

6.1 引言

第3章至第5章探讨了客户稳定对企业创新投入的影响，以及融资渠道和现金持有存在的部分中介效应。2020年7月21日，习近平总书记在企业家座谈会发表讲话，提出企业家要"勇于创新"。他还指出，企业家创新活动是推动企业创新发展的关键，企业家要做创新发展的探索者、组织者和引领者，勇于推动生产组织创新、技术创新、市场创新。

已有研究表明，管理者过度自信在企业融资决策（Malmendier et al., 2011；Huang et al., 2016）、现金决策（Deshmukh et al., 2015；郑培培和陈少华，2018）、创新决策（Makri et al., 2006；王山慧等，2013）等重要决策中存在行为偏差。已有文献对客户的研究大多基于管理者是理性的决策者，忽略了管理者的非理性行为尤其是过度自信对企业客户合作产生的影响。因此，基于行为金融学理论，探讨管理者过度自信在客户稳定与创新投入间存在的影响具有重要的意义。

管理者作为企业战略决策的制定者和执行者，其对风险的承担水平直接影响企业与客户的合作关系及企业的创新投入。鉴于此，本章将针对创新投入的现实需求和已有相关理论研究的不足，以"中国制造2025"为制度背景，从供应链管理理论出发，通过理论研究和实证研究，从管理者行为视角探讨客户稳定对企业创新投入的影响；以管理者过度自信为中介变量，探究客户稳定对企业创新投入的影响路径及差异。

6.2 理论分析与研究假设

6.2.1 客户稳定与管理者过度自信

随着客户与供应商关系的日益密切，国内外学者开始对"供应商—客户"

这种隐形契约关系进行研究。学者们发现，供应商-客户关系已逐渐成为企业的重要经济资源、社会资本，对企业的经营决策、经济收益存在显著影响（Pandit, 2011）。从中国现阶段国情来看，产能过剩具有普遍性，是困扰中国经济多年的痼疾之一。从工业行业来看，重工业的产能过剩程度比轻工业更为严重，传统工业比新兴行业的产能利用率更低（董敏杰等，2015；张少华和蒋伟杰，2017）。因此，面临产能过剩的现状，中国制造业的客户资源可能是企业在激烈竞争中存活下来的助力。

心理学研究表明，过度自信是人类个体普遍存在的一种现象。就管理者而言，其过度自信水平更为明显和突出，对分析、理解企业行为及其绩效具有重要意义（Billett 和 Qian, 2008）。企业资源对企业行为至关重要，管理者高估或低估企业资源，对企业投资决策影响存在显著差异。目前，尚未有研究探讨客户关系这一重要资源对管理者过度自信的影响，本书将从企业资源入手，对两者关系进行深入探讨。

客户集中度通过以下两种途径影响管理者过度自信：第一，直接影响。企业与客户建立长期的合作关系，有助于增强两者间的信息共享、协作信任，帮助企业更快获取市场信息，提高生产效率，直接影响管理者对企业资源状况的感知，让管理者认为企业资源丰富，更易出现过度自信。第二，间接影响。从资金层面，信任的客户关系确保了企业稳定的收入来源，有助于企业获得更多的内部现金流收益，缓解融资约束（Gosman et al., 2004）。客户作为企业的重要社会资本，能缓解银行授信决策过程中的信息不对称，拉近客户与银行的关系（Campello M. 和 Gao J., 2017），增强企业的银行借款能力。可见，客户为企业带来经济效应，提高了企业的融资能力和借款能力，让管理者更可能高估企业的资源状况。

若客户集中度发生波动，正向和负向的波动会分别通过以下两种途径对管理者过度自信产生不同的影响。首先，客户集中度增加造成的客户集中度正向波动，是企业与客户关系紧密、信任程度增强的表现，更易让管理者高估企业资源。其次，客户集中度降低造成的客户集中度负向波动，会降低企业与客户的合作程度，让管理者认为与客户产生疏离，让管理者更为谨慎，且加强风险评估。

而变更客户对过度自信的管理者而言并非是不利消息，产生的影响有如下两方面：第一，从动机来看，企业若主动更换客户，管理者势必有更好的客户选择，即更换的客户对企业更有利，从而导致管理者对企业未来业绩更有信心。第二，从竞争环境来看，买方仍比较强势，可能存在主动更换合作方的情况，虽与客户合作中断并寻求新的客户需要付出更多的财力、人力，但管理者选择新的合作方时，势必会更加谨慎，尽可能降低企业风险，寻求更加稳定、长远、紧密的合作关系，新的客户势必会为企业带来新的希望。

基于上述分析，本书提出假设 H_1：

H_{1a}：客户集中度越高，管理层过度自信程度越高。

H_{1b}：客户集中度正向波动，会增强管理层过度自信程度，反之，则会降低管理者过度自信程度。

H_{1c}：客户变更程度越大，管理层过度自信程度越高。

6.2.2 管理者过度自信的中介效应

管理者作为企业战略决策的制定者和执行者，其非理性行为毫无疑问会对企业创新投入有着直接的影响。近年来，国内外学者对管理者过度自信与企业技术创新进行了大量研究，大多认为两者存在显著的正相关关系，究其动机，大致表现为以下三个方面：第一，高估收益、低估风险是过度自信的管理者最显著的特征。过度自信的管理者对项目未来结果以及应对挑战性任务的能力更为乐观。因此，过度自信管理者有助于企业加大对风险性创新项目的投入，抓住更多创新成长的机会（Griffin D. 和 Tversky A.，1992）。第二，过度自信的管理者更乐于接受有风险和挑战的项目。创新项目风险更大、更有挑战性，创新项目的成功代表着管理者个人不凡的能力和远见（Dess et al.，1997）。因此过度自信的管理者更偏向于难度较大的创新项目，以此来证明自己的才能。第三，过度自信的管理者忠实于股东（Heaton，2002）。进行投资决策时，过度自信的管理者并非以自身利益为中心，只是因为自信，更能支持企业技术创新活动，追求创新项目带来的高回报。

企业与客户的合作关系一定程度上反映了企业的经营状况，为管理者评估企业提供了依据。客户对创新投入的影响应该考虑过度自信管理者的投资偏好。管理者的过度自信对投资的现金流敏感性更高（Malmendier U. 和 Tate G.，2005），从客户集中角度来看，客户集中是为企业提供供应链整合的积极信息，帮助企业获取市场信息，为企业提供收入保障，为管理者带来资金充裕、经营状况良好的信号，更容易使过度自信的管理者做出过度投资的决策，促进企业的创新投入。从客户集中度波动角度来看，客户的波动不利于企业长期稳定的发展，但正向波动对管理者而言带来的是客户合作关系更紧密的信息，更易使管理者过度自信程度提高，促进企业的创新投入，相反，负向的波动则不利于企业的创新投入。从客户变更角度来看，变更客户虽然会带来经营风险，但过度自信的管理者认为新的客户会带来新的希望，做出过度投资的决策，促进企业的创新投入。

基于上述分析，本书提出假设 H_2：

H_{2a}：管理层过度自信在客户集中度与创新投入之间存在部分中介效应。

H_{2b}：管理层过度自信在客户集中度波动与创新投入之间存在部分中介效应。

H_{2c}：管理层过度自信在客户变更程度与创新投入之间存在部分遮掩效应。

6.2.3 要素密集度的调节效应

从企业战略角度出发，行业结构、行业面临的竞争环境都存在较大差异，因此，管理者在制定和实施战略决策时，会因企业所处行业而做出差异性战略。而过度自信的管理者存在高估项目成功率或收益，且低估项目风险及项目失败风险，故过度自信的管理者会在其冒险精神和风险承担精神的驱动下，在制定企业战略时，接受更大的挑战。研究发现，相对非高新技术企业，管理者过度自信与创新投资的正相关关系在高新技术企业中更显著（David et al.，2012；王山慧等，2013）。因此，在探讨客户稳定、管理者过度自信与创新投入时，应考虑要素密集度的影响。

根据以上分析，提出本书假设 H_3：

H_3：客户集中度对创新投入的影响在劳动密集型和资本密集型行业要大于技术密集型行业，且对创新投入的调节效应是通过管理者过度自信来实现的。

6.3 研究设计

6.3.1 样本选择与数据来源

与前文保持一致，本书选取 2011—2019 年中国制造业上市公司为研究样本，并剔除研究期间相关数据缺失和被特殊处理的公司，研究数据均来自上市公司年报和 CSMAR 数据库。为了消除极端值的影响，本书对连续变量按 1% 水平进行 Winsorize 处理，同时为了避免内生性问题，对部分变量采取滞后一期处理。

6.3.2 变量定义

1．被解释变量：创新投入

采用创新投入（Innovation1）数据，与第 3 章一致，即采用创新投入与营业收入的比值来表示。在稳健性检验中，采用创新投入与总资产的比值来衡量。

2．解释变量：客户稳定

客户稳定采用第3章的选取方式，分别采用客户集中度（CustomerSales）、客户集中度波动（CustomerFlu）和客户变更（CustomerVary）作为实证检验的指标。在稳健性检验时，采用前五名客户合计销售金额占年度销售总额比例（CustomerSales），详细参见本书3.3.2节，在此不再赘述。

3．管理者过度自信

过度自信是管理者心理和行为上的一种偏离，很难直接对其进行衡量。目前，国内外学者使用不同变量衡量管理者过度自信，包括媒体评价（Hayward和Hambrick，1997）、公司盈利预测偏差（黄莲琴等，2011）、管理者相对薪酬（马春爱和易彩，2017）、CEO个人特征（潘爱玲等，2018）、CEO持股状况（Malmendier和Tate，2005）、企业过度投资（Ahmed和Duellman，2013）、企业景气指数（余明桂等，2006）等。

不可否认，上述替代变量各有利弊，但又具有一定的主观性，且没有较好的解决方法。本研究是探讨管理者过度自信在客户稳定与创新投入间的影响，涉及的是过度自信的管理者对资源需求的评估，即过度自信管理者对企业资源状况的感知，从而直接或间接地影响企业行为。因此，本书借鉴Kubick和Lockhart（2017）的研究，选择与企业"财力"相关的两个替代变量。第一个替代变量（Overcon1），如果企业的资本支出超过该年的行业中位数，则认为存在管理者过度自信，设置为1，否则设置为0。第二个替代变量（Overcon2），若企业总资产增长率与销售增长的回归净残值大于0，则认为存在管理者过度自信，设置为1，否则设置为0。

4．要素密集度

要素密集度采用第3章设置的行业异质性哑变量（FI）。技术密集型制造业表示为1，其他表示为0。

5．控制变量

参照以往有关文献，本书对可能影响企业融资行为和创新投入产生重要影响的多个变量进行了控制，包括：企业规模（Size）、企业盈利能力（Roa）、企业成长性（Growth）、股权集中度（Top1）、所有权性质（Ownership）、资产期限结构（PPE）、资产负债率（Lev）和年度（$Year_i$）。

上述变量的具体形式见表 6-1。

表 6-1 变量定义

变量类型	变量名称	变量代码	变量定义
被解释变量	创新投入	Innovation1	$\dfrac{t\text{期创新投入}}{t-1\text{期营业收入}}$
		Innovation2	$\dfrac{\text{Innovation1}_{i,t} - \text{Innovation1}_{i,t-1}}{\text{Innovation1}_{i,t-1}}$
解释变量	客户稳定	CustomerSales	$t-1$ 期前五名客户销售之和占全部销售额的比例
		CustomerFlu1	$\dfrac{\text{Customer}_{i,t} - \text{Customer}_{i,t-1}}{\text{Customer}_{i,t-1}}$
		CustomerFlu2	$\left| \dfrac{\text{Customer}_{i,t} - \text{Customer}_{i,t-1}}{\text{Customer}_{i,t-1}} \right|$
		CustomerVary	变更：CustomerSales，未变更 = 0
		CustomerHHI	$t-1$ 期前五名客户各自销售额占销售总额比例的平方和
中介变量	管理者过度自信	Overcon1	哑变量，1 表示 $t-1$ 期资本支出超过该年的行业中位数，0 表示其他
		Overcon2	哑变量，1 表示 $t-1$ 期总资产增长率与销售增长的回归净残值大于 0，0 表示其他
调节变量	要素密集度	FI	哑变量，1 表示技术密集型企业，0 表示其他
控制变量	企业规模	Size	t 期资产总额的自然对数
	企业盈利能力	Roa	t 期公司净利润与总资产平均余额的比例
	企业成长性	Growth	t 期营业收入增长率
	股权集中度	Top1	t 期第一大股东持股比例
	所有权性质	Ownership	t 期实际控制人的类型
	资产期限结构	PPE	$\dfrac{t\text{期固定资产净额}}{t\text{期总资产}}$
	资产负债率	Lev	$\dfrac{t\text{期总负责}}{t\text{期总资产}}$
	年度	Year$_i$	哑变量，1 表示 t 期所属年份，0 表示其他（其他 $i = 1, 2, 3, 4, 5, 6, 7$）

6.3.3 研究模型

本章所涉及的客户稳定、要素密集度和创新投入的实证结果，详细参见本书 3.4.3 节，在此不再赘述。

为检验本章假设 H_1 和 H_2，即检验管理者过度自信在客户稳定与创新投入间的部分中介效应，构建模型（6-1）和（6-2）：

$$\text{Overcon}_{i,t} = \beta_0 + \beta_1 \text{Customer}_{i,t} + \beta_2 \text{Control}_{i,t} + \varepsilon \quad (6\text{-}1)$$

$$\text{Immovation}_{i,t} = \gamma_0 + \gamma_1 \text{Customer}_{i,t-1} + \gamma_2 \text{Overcon}_{i,t-1} + \gamma_3 \text{Control}_{i,t} + \varepsilon \quad (6\text{-}2)$$

此外，为验证本章假设 H_3，即检验要素密集度通过管理者过度自信在客户集中度与企业创新投入关系中的调节效应，构建模型（6-3）和模型（6-4）：

$$\text{Overcon}_{i,t} = \beta_0 + \beta_1 \text{CustomerSales}_{i,t} + \beta_2 \text{FI}_{i,t} + \beta_3 \text{CustomerSales}_{i,t} \times \text{FI}_{i,t} + \beta_4 \text{Control}_{i,t} + \varepsilon_{i,t} \quad (6\text{-}3)$$

$$\text{Innovation}_{i,t} = \gamma_0 + \gamma_1 \text{CustomerSales}_{i,t} + \gamma_2 \text{FI}_{i,t} + \gamma_3 \text{CustomerSales}_{i,t-1} \times \text{FI}_{i,t} + \delta_1 \text{Overcon}_{i,t-1} + \delta_2 \text{Overcon}_{i,t-1} \times \text{FI}_{i,t} + \gamma_4 \text{Control}_{i,t} + \varepsilon_{i,t} \quad (6\text{-}4)$$

6.4 实证分析

6.4.1 变量的描述性分析

表 6-2 是主要变量的描述性统计结果。结果显示，管理者过度自信的两个指标平均值分别为 0.486 和 0.513，说明接近一半的企业存在管理者过度自信。其他变量的描述性统计分析与前述第 3 章大体一致，这里不再赘述。

表 6-2 主要变量的描述性统计

变量	均值	标准值	最小值	p25	p50	p75	最大值	观测数
Overcon1	0.486	0.387	0.000	0.000	0.000	1.000	1.000	7607
Overcon2	0.513	0.500	0.000	0.000	1.000	1.000	1.000	7607

表 6-3 是各主要变量的 Pearson 相关性检验结果。从表 6-3 可知，客户集中

度与管理者过度自信显著正相关，表明客户集中度越高，管理者过度自信程度越高。同时，本书对模型进行了方差膨胀因子 VIF 检验，其值为 1.22，远小于临界值 10，表明模型的主要变量之间不存在显著的共线性问题。

表 6-3 主要变量的相关系数矩阵

	Innovation1	CustomerSales	Overcon1	FI
Innovation1	1.000			
CustomerSales	0.088***	1.000		
Overcon1	0.141***	0.032***	1.000	
FI	0.318***	0.133***	0.090***	1.000

6.4.2 实证结果分析

通过模型（6-1）对本章 H_1 进行检验，回归结果分别如表 6-4、表 6-5、表 6-6 中（1）、（3）列和表 6-5 中（5）、（7）列所示。表 6-4（1）、（3）列中，客户集中度越高，管理者过度自信程度越高，均在 5% 和 1% 的显著性水平下显著，支持了假设 H_{1a}。表 6-5 虽均为客户集中度波动对管理者过度自信的影响，但结果显示，客户集中度的增加和减少会产生不同的影响。具体来看，表 6-5（1）、（3）列为客户集中度增加的客户波动，均在 10% 的显著性水平下与管理者过度自信呈显著正相关关系；而表 6-5（5）、（7）列为客户集中度减少造成的客户波动，分别与管理者过度自信在 5% 和 1% 的显著性水平下显著负相关。即客户集中度波动对管理者过度自信有显著影响，客户集中度增加和减少造成的客户波动对管理者过度自信的影响不同，前者会增加管理者过度自信程度，而后者则会降低管理者过度自信程度。客户集中度增加造成了客户关系的波动，但实则拉近了企业与客户间的距离，增强了两者的合作关系；而客户集中度降低造成了企业与客户关系的疏离，验证了假设 H_{1b}。表 6-6（1）、（3）列中，CustomerVary 与 Overcon 分别在 5% 和 10% 的显著性水平下显著，且客户变更程度越大，管理者过度自信程度越高，验证了假设 H_{1c}。其可能的原因有：①从动机来看，企业若主动更换客户，势必管理者有更好的客户选择，即更换的客户对企业更有利，从而导致管理者过度自信程度更高；②从竞争环境来看，买方仍比较强势，可能存在主动更换合作方的情况，虽与客户合作中断并寻求新的客户需要付出更多的财力、人力，但管理者选择新的合作方时，势必会更加谨慎，尽可能降低企业风险，寻求更加稳定、长远、紧密的合作关系，新的客户关系势必会为企业带来新的希望，过度自信的管理者往往也会高估企业资源，因此，在决策出新的客户合作方后，过度自信程度可能因此而增强。

表 6-4 客户集中度检验结果

变量	Overcon1 (1)	Innovation1 (2)	Overcon2 (3)	Innovation1 (4)
CustomerSales	0.107*** (2.624)	0.014*** (5.447)	0.159*** (5.973)	0.014*** (5.326)
Overcon1		0.009*** (8.953)		
Overcon2				0.006*** (5.278)
Size	0.042*** (7.269)	−0.001 (−1.593)	0.252*** (49.767)	−0.002*** (−3.355)
Roa	1.398*** (13.455)	0.008 (0.947)	1.041*** (11.462)	0.014 (1.624)
Growth	0.068*** (6.946)	0.012*** (14.109)	−0.023*** (−2.619)	0.012*** (14.969)
Top1	−0.141** (−3.703)	−0.015*** (−4.814)	0.017 (0.498)	−0.017*** (−5.211)
Ownership	−0.101*** (−8.229)	−0.002** (−2.051)	−0.113*** (−10.509)	−0.002** (−2.242)
PPE	−0.246*** (−5.970)	−0.028*** (−8.236)	0.508*** (14.082)	−0.033*** (−9.567)
Lev	0.091*** (2.646)	−0.021*** (−7.193)	0.070** (2.322)	−0.020*** (−7.039)
Year	控制	控制	控制	控制
Constant	−0.883*** (−7.367)	0.074*** (7.435)	−5.076*** (−48.251)	0.096*** (8.403)
F	54.00	54.02	260.75	50.42
Adj R²	0.095	0.100	0.339	0.094

表 6-5 客户集中度波动检验结果

变量	Overcon1 (1)	Innovation1 (2)	Overcon2 (3)	Innovation1 (4)	Overcon1 (5)	Innovation1 (6)	Overcon2 (7)	Innovation1 (8)
CustomerFlu1	0.035* (1.671)	0.007*** (3.995)	0.035* (1.892)	0.007*** (4.042)				
CustomerFlu2					−0.136** (−2.431)	−0.009** (−1.984)	−0.136*** (−2.788)	−0.009** (−2.079)
Overcon1		0.010*** (6.720)				0.010*** (7.495)		
Overcon2				0.007*** (3.911)				0.006*** (4.179)

续表

变量	Overcon1 (1)	Innovation1 (2)	Overcon2 (3)	Innovation1 (4)	Overcon1 (5)	Innovation1 (6)	Overcon2 (7)	Innovation1 (8)
Size	0.042*** (4.847)	−0.001* (−1.875)	0.255*** (33.625)	−0.003*** (−3.093)	0.068*** (7.748)	−0.002*** (−3.002)	0.265*** (34.500)	−0.003*** (−3.853)
Roa	0.051** (2.358)	−0.001 (−0.567)	0.329*** (16.815)	−0.003 (−1.364)	0.128*** (6.031)	−0.001 (−0.747)	0.315*** (16.945)	−0.002 (−1.128)
Growth	0.076*** (5.172)	0.013*** (10.213)	−0.027** (−2.070)	0.014*** (10.932)	0.069*** (4.699)	0.011*** (9.193)	−0.013 (−1.004)	0.011*** (9.814)
Top1	−0.030 (−0.484)	−0.022*** (−4.263)	−0.010 (−0.184)	−0.022*** (−4.288)	−0.074 (−1.273)	−0.010** (−2.138)	0.099* (1.951)	−0.011** (−2.416)
Ownership	−0.108*** (−5.890)	−0.002 (−1.345)	−0.105*** (−6.581)	−0.002 (−1.570)	−0.121*** (−6.695)	−0.001 (−0.771)	−0.130*** (−8.276)	−0.001 (−1.014)
PPE	−0.322*** (−5.511)	−0.023*** (−4.547)	0.396*** (7.788)	−0.028*** (−5.422)	−0.231*** (−4.021)	−0.026*** (−5.704)	0.319*** (6.338)	−0.030*** (−6.576)
Lev	−0.084* (−1.846)	−0.020*** (−5.256)	−0.015 (−0.373)	−0.021*** (−5.422)	−0.107** (−2.365)	−0.025*** (−6.948)	0.000 (0.005)	−0.026*** (−7.207)
Year	控制	控制	控制	控制	控制	控制	控制	控制
Constant	−0.912* (−1.959)	0.080** (2.023)	−6.488*** (−16.040)	0.113*** (2.762)	−2.565*** (−5.660)	0.092*** (2.585)	−6.289*** (−15.859)	0.106*** (2.882)
F	16.45	23.14	117.98	21.09	22.41	24.36	120.35	21.72
Adj R²	0.063	0.094	0.338	0.086	0.079	0.091	0.324	0.081

表 6-6　客户变更检验结果

变量	Overcon1 (1)	Innovation1 (2)	Overcon2 (3)	Innovation1 (4)
CustomerVary	0.147** (2.565)	−0.011*** (−2.597)	0.105* (1.782)	−0.010** (−2.316)
Overcon1		0.011*** (7.074)		
Overcon2				0.005*** (3.377)
Size	0.015* (1.847)	−0.001* (−1.884)	0.044*** (5.428)	−0.001** (−1.972)
Roa	0.863*** (2.982)	0.000 (0.169)	0.289*** (9.705)	−0.000 (−0.089)
Growth	0.083*** (5.536)	0.007*** (6.010)	−0.006 (−0.377)	0.008*** (6.871)
Top1	0.018 (0.261)	0.001 (0.160)	0.315*** (4.393)	−0.006 (−0.124)

续表

变量	Overcon1 （1）	Innovation1 （2）	Overcon2 （3）	Innovation1 （4）
Ownership	-0.088*** (-3.997)	0.001 (0.697)	-0.013 (-0.582)	0.000 (0.126)
PPE	-0.257*** (-3.588)	-0.031*** (-6.023)	0.438*** (5.945)	-0.037*** (-6.914)
Lev	0.015 (0.286)	-0.025*** (-6.447)	0.459*** (8.500)	-0.027*** (-6.854)
Year	控制	控制	控制	控制
Constant	-0.255 (-1.461)	0.076*** (6.026)	-0.862*** (-4.795)	0.078*** (6.072)
F	10.60	18.25	23.28	15.56
Adj R^2	0.063	0.115	0.136	0.099

表 6-7 调节效应检验结果

变量	Overcon1 （1）	Innovation1 （2）	Overcon2 （3）	Innovation1 （4）
CustomerSale	0.116** (2.372)	0.019*** (4.868)	0.066 (1.535)	0.019*** (4.828)
FI	0.076*** (3.232)	0.028*** (14.313)	-0.028 (-1.393)	0.028*** (13.722)
CustomerSale×FI	-0.083 (-1.332)	-0.019*** (-3.900)	0.143*** (2.634)	-0.020*** (-4.055)
Overcon		0.005*** (3.645)		0.004** (2.523)
Overcon×FI		0.004** (2.071)		0.003* (1.715)
Size	0.042*** (7.227)	-0.001* (-1.957)	0.251*** (49.640)	-0.002*** (-3.671)
Roa	1.400*** (13.492)	0.012 (1.394)	1.050*** (11.561)	0.016** (1.969)
Growth	0.067*** (6.802)	0.011*** (13.836)	-0.024*** (-2.738)	0.012*** (14.625)
Top1	-0.131*** (-3.442)	-0.011** (-3.663)	0.017 (0.500)	-0.012*** (-3.922)
Ownership	-0.102*** (-8.271)	-0.002** (-2.380)	-0.113*** (-10.455)	-0.002** (-2.504)

续表

变量	Overcon1 （1）	Innovation1 （2）	Overcon2 （3）	Innovation1 （4）
PPE	-0.181*** (-4.157)	0.000 (0.032)	0.532*** (13.685)	-0.003 (-0.979)
Lev	0.090*** (2.623)	-0.021*** (-7.621)	0.070** (2.328)	-0.021*** (-7.450)
Year	控制	控制	控制	控制
Constant	-0.935*** (-7.720)	0.056*** (5.718)	-5.048*** (-47.481)	0.076*** (6.862)
F	48.96	82.98	230.90	80.49
Adj R²	0.097	0.170	0.339	0.166

利用模型（6-2）对假设 H_2 进行检验，结果分别如表 6-4、表 6-5、表 6-6 中（2）、（4）列和表 6-5 中（6）、（8）列所示。表 6-5（2）、（4）列中，CustomerSales、Overcon1 和 Overcon2 的回归系数均在 1% 的显著性水平下显著为正，说明管理者过度自信在客户集中度与企业创新投入关系中存在部分中介效应，假设 H_{2a} 成立，其中 Overcon1 和 Overcon2 中介效应占比分别为 6.88% 和 6.80%。表 6-5（2）、（4）列中，Customer Flu1、Overcon1 和 Overcon2 的系数也一致，均在 1% 的显著性水平下显著为正，且（6）、（8）列中 Customer Flu1、Overcon1 和 Overcon2 系数分别与 Innovation1 显著，说明管理者过度自信中介效应显著，假设 H_{2b} 得到验证。表 6-6（2）、（4）列中，CustomerVary 的回归系数分别在 1% 和 5% 的显著性水平下显著负相关，而 Overcon 回归系数则均在 1% 的显著性水平下显著正相关，$\beta_1 \times \gamma_2$ 与 γ_1 异号，则管理者过度自信在客户变更与企业创新投入关系中存在遮掩效应，即管理者过度自信会降低客户变更对企业创新投入的负面作用。假设 H_{2c} 成立。

为进一步验证假设 H_3，本书分别通过调节变量检验、中介变量验证，利用模型（6-3）和模型（6-4），分析要素密集度通过管理者过度自信对客户集中度和创新投入关系的调节效应，结果如表 6-7 所示。（1）列中 CustomerSale 的回归系数与（2）列中 Overcon1×FI 的回归系数均在 5% 的显著性水平下显著，（3）、（4）列中 CustomerSale×FI 与 Overcon 的回归系数也均显著，表明中介调节模型成立。且（2）、（4）列中，CustomerSale×FI 的回归系数分别在 1% 的显著性水平下显著，说明管理者过度自信在要素密集度的调节效应中起

第6章　客户稳定、管理者过度自信与创新投入

到部分中介效应，即相比技术密集型制造业企业，非技术密集型制造业企业的客户集中度通过管理者过度自信对企业创新投入的影响更大。验证了假设的 H_3。

6.4.3 稳健性检验

为检验要素密集度和管理者过度自信对客户稳定与企业创新投入的调节效应和中介效应的稳定性，增强本研究的可信度，本书分别对客户稳定和创新投入进行重新衡量，并进行如下稳健性检验：

（1）对客户稳定进行了衡量，即使用前五名客户销售额占销售总额比例的平方和（CustomerHHI）来度量。具体的回归分析结果如表6-8所示，研究结论与之前保持不变。

（2）对创新投入进行了衡量，即用第 t 期的创新投入减去第 $t-1$ 期的创新投入除以 t 期创新投入比值（Innovation2）来度量。其值如果大于0，表示本年度创新投入较上一年度增加，如果小于0，则表示本年度的创新投入较上一个年度增加。具体的回归分析结果如表6-9所示，没有改变前文的结论。

表6-8　稳健性检验结果

变量	Overcon2 （1）	Innovation1 （2）	Overcon2 （3）	Innovation1 （4）
CustomerHHI	0.260*** (2.735)	0.017** (1.961)	0.407** (2.311)	0.047*** (3.176)
FI			0.107* (1.894)	0.041*** (8.326)
CustomerHHI×FI			−0.243 (−1.160)	−0.064*** (−3.613)
Overcon		0.011*** (6.781)		0.007*** (3.378)
Overcon2×FI				0.004* (1.698)
Size	0.241*** (30.958)	−0.003*** (−3.395)	0.241*** (30.964)	−0.002*** (−3.098)
Roa	1.018*** (8.130)	−0.017 (−1.501)	1.022*** (8.145)	−0.010 (−0.903)

续表

变量	Overcon2 （1）	Innovation1 （2）	Overcon2 （3）	Innovation1 （4）
Growth	−0.008 (−0.529)	0.009*** (7.250)	−0.009 (−0.651)	0.008*** (6.829)
Top1	0.064 (1.062)	−0.006 (−1.091)	0.069 (1.151)	−0.003 (−0.566)
Ownership	−0.097*** (−5.544)	0.002 (1.510)	−0.096*** (−5.518)	0.003* (1.743)
PPE	0.583*** (10.497)	−0.046*** (−9.156)	0.639*** (10.901)	−0.012** (−2.436)
Lev	0.176*** (3.668)	−0.029*** (−6.680)	0.173*** (3.605)	−0.029*** (−7.147)
Year	控制	控制	控制	控制
Constant	−5.108*** (−31.049)	0.114*** (6.809)	−5.191*** (−30.232)	0.077*** (4.669)
F	151.33	24.31	129.07	49.71
Adj R²	0.336	0.079	0.337	0.183

表 6-9 稳健性检验结果

变量	Overcon2 （1）	Innovation2 （2）	Overcon2 （3）	Innovation2 （4）
CustomerSales	0.196*** (5.998)	0.021*** (2.821)	0.107** (2.033)	0.047*** (3.966)
FI			0.006 (0.237)	0.019*** (2.909)
CustomerHII×FI			0.122* (1.828)	−0.049*** (−3.266)
Overcon2		0.010*** (3.102)		0.001 (0.321)
Overcon2×FI				0.015*** (2.732)
Size	0.248*** (38.583)	−0.005*** (−3.118)	0.247*** (38.307)	−0.004*** (−3.160)

续表

变量	Overcon2 (1)	Innovation2 (2)	Overcon2 (3)	Innovation2 (4)
Roa	1.059*** (9.756)	0.019 (0.786)	1.078*** (9.934)	0.019 (0.768)
Growth	-0.013 (-1.232)	0.001 (0.227)	-0.015 (-1.342)	0.000 (0.113)
Top1	0.015 (0.344)	-0.006 (-0.565)	0.018 (0.418)	-0.001 (-0.114)
Ownership	-0.120*** (-8.376)	0.002 (0.548)	-0.119*** (-8.326)	0.002 (0.516)
PPE	0.468*** (10.153)	-0.042*** (-4.072)	0.517*** (-10.615)	-0.027** (-2.439)
Lev	0.116*** (2.951)	0.001 (0.075)	0.117*** (2.965)	0.000 (0.010)
Year	控制	控制	控制	控制
Constant	-5.212*** (-38.267)	0.257*** (7.321)	-5.188 (-37.710)	0.244*** (6.895)
F	214.01	137.22	182.86	112.46
Adj R^2	0.349	0.272	0.351	0.276

6.5 "中国制造2025"实施前后差异性分析

"中国制造2025"契机下,对企业管理者而言也是挑战,引导风险投资、确定发展方向、制定战略谋划,完善管理模式、提高管理质量,帮助企业在新形势下,提升整体水平,增强竞争力。因此,为进一步探讨"中国制造2025"实施产生的影响,对实施前后2011—2014年和2015—2018年样本企业的客户稳定、管理者过度自信与创新投入进行差异性分析。

6.5.1 差异检验

表6-10的差异性检验显示,"中国制造2025"实施前的样本公司的管理者过度自信指标的均值与中位数分别为0.490和0.000,而实施后的样本公司管理者过度自信指标的均值与中位数分别为0.536和1.000,均值T检验与中位数Z检验均显示实施后样本组企业管理者过度自信程度显著高于实施前的。可见,实施后的样本企业存在管理者过度自信的可能性更高。

表 6-10 差异性检验

变量	2015—2018 N	2015—2018 Mean	2015—2018 Median	2011—2014 N	2011—2014 Mean	2011—2014 Median	Mean T-Test	Median Z-Test
Overcon	4353	0.536	1.000	3254	0.490	0.000	0.041***	97.018***

6.5.2 实证结果分析

与前文一致，选取 2015—2018 年和 2011—2014 年制造业上市公司分别作为实施后和纲领颁布前样本组进行比较。运用模型（6-1）和模型（6-2），分析实施前后客户集中度、管理者过度自信对企业创新投入影响的差异。

表 6-11 报告了 2015—2018 年与 2011—2014 年样本公司客户集中度、管理者过度自信与创新投入的回归结果。数据显示，管理者过度自信（Overcon2）在客户集中度与创新投入间均存在部分中介效应，结论与前文一致。从回归系数来看，2015—2018 年样本组 CustomerSales 与 Overcon2 和 Innovation1 的系数分别为 0.195 和 0.018，远高于 2011—2014 年样本组的 0.102 和 0.006，且前者的中介效应为 7.58%，后者的为 6.80%，可见，"中国制造 2025"实施后，样本企业不仅更容易出现管理者过度自信，且其产生的中介效应占比更大。其可能的原因为："中国制造 2025"实施后，政策引领给管理者带来信心，面对新的局势和契机，管理者的"求胜心"更容易出现过度自信的现象，并采取更大胆的投资行为。因此，在接受新形势下企业发展的同时，也应审时度势，充分评估投资风险和企业能力，避免因过度自信让企业陷入财务风险。

表 6-11 比较实证分析结果

变量	2015—2018 (1)	2015—2018 (2)	2011—2014 (3)	2011—2014 (4)
CustomerSales	0.195*** (5.662)	0.018*** (4.970)	0.102** (2.421)	0.006* (1.705)
Overcon2		0.007*** (4.358)		0.004*** (2.729)
Size	2.484*** (38.372)	−0.003*** (−3.839)	0.257*** (31.465)	−0.002 (−0.263)
Roa	1.082*** (9.687)	0.015 (1.294)	0.998*** (6.340)	0.018 (1.402)
Growth	−0.018 (−1.607)	0.011*** (9.752)	−0.029** (−2.098)	0.014*** (12.465)
Top1	0.015 (0.342)	−0.019*** (−4.056)	0.012 (0.232)	−0.015*** (−3.658)

续表

变量	2015—2018		2011—2014	
	（1）	（2）	（3）	（4）
Ownership	-0.120***	-0.003*	-0.104***	-0.001
	(-8.368)	(-1.916)	(-6.315)	(-0.913)
PPE	0.474***	-0.037***	0.562***	-0.026***
	(10.215)	(-7.598)	(9.709)	(-5.420)
Lev	0.119***	-0.011***	-0.002	-0.032***
	(2.988)	(-2.733)	(-0.046)	(-8.627)
Year	控制	控制	控制	控制
Constant	-5.219***	0.123***	-5.155***	0.065**
	(-38.138)	(7.412)	(-31.047)	(4.306)
F	212.98	27.03	143.85	37.90
Adj R²	0.349	0.067	0.326	0.120

6.6 进一步的分析与检验

从前文可知，2015 年"中国制造 2025"实施后，制造业上市公司的创新投入有明显提升，且客户关系稳定会提高企业创新投入水平，但两者会产生怎样的经济效果？是否能达到提高企业市场价值、提升企业绩效的目的？还需要进一步验证。

衡量企业市场价值和企业绩效的指标较多，本书选取托宾 Q 值（TQ）作为被解释变量，可以较好地反映企业市场绩效和长期价值，建立模型（6-5）和模型（6-6），检验客户集中与创新投入两者关系产生的经济结果。同时，根据管理者特征，将样本企业分为两组，区分管理者过度自信对结果带来的差异。

$$TQ_{i,t} = \alpha_0 + \alpha_1 Innovation_{i,t-1} + \alpha_2 Control_{i,t} + \varepsilon \quad (6\text{-}5)$$

$$TQ_{i,t} = \beta_0 + \beta_1 Innovation_{i,t-1} + \beta_2 CustomerSales_{i,t-1} + \beta_3 Innovation_{i,t-1} \times CustomerSales_{i,t-1} + \beta_4 Control_{i,t} + \varepsilon \quad (6\text{-}6)$$

运用模型（6-5）和模型（6-6），对创新投入、客户集中度和托宾 Q 值进行实证检验，结果如表 6-12 所示。（1）、（2）列结果为全样本，结果显示，Innovation 与 TQ 均显著正相关，Innovation×CustomerSales 与 TQ 在 10% 显著性水平下显著为正，即创新投入对托宾Q值的正向影响会随客户集中度的增加而提高。

表 6-12 进一步检验结果

变量	全样本 (1)	全样本 (2)	Overcon2 = 1 (3)	Overcon2 = 1 (4)	Overcon2 = 0 (5)	Overcon2 = 0 (6)
Innovation	2.031*** (7.885)	1.031* (1.826)	1.737*** (6.018)	0.319 (0.507)	2.085*** (5.247)	1.785** (2.000)
CustomerSales		0.202* (1.742)		−0.090 (−0.744)		0.325* (1.716)
Innovation × CustomerSales		1.847* (1.794)		3.584** (2.541)		0.347 (0.228)
Size	−0.617*** (−32.527)	−0.609*** (−31.952)	−0.245*** (−11.914)	−0.244*** (−11.861)	−1.149*** (−29.777)	−1.132*** (−28.785)
Roa	0.973*** (3.021)	1.004*** (3.118)	3.292*** (8.848)	3.334*** (8.956)	−0.179 (−0.386)	−0.137 (−0.295)
Growth	−0.067** (−2.110)	−0.075** (−2.329)	−0.090*** (−2.792)	−0.091*** (−2.810)	−0.024 (−0.492)	−0.036 (−0.715)
Top1	−0.247* (−1.853)	−0.274** (−2.053)	0.106 (0.845)	0.099 (0.784)	−0.519** (−2.313)	−0.560** (−2.488)
Ownership	0.247*** (4.848)	0.208*** (4.873)	0.047 (1.138)	0.049 (1.182)	0.307*** (4.319)	0.305*** (4.291)
PPE	−0.619*** (−4.491)	−0.609*** (−4.409)	−0.807*** (−5.928)	−0.811*** (−5.971)	−0.834*** (−3.674)	−0.797*** (−3.490)
Lev	0.190 (1.625)	0.158 (1.351)	−0.571*** (−4.483)	−0.574*** (−4.512)	0.783*** (4.543)	0.751*** (4.321)
Year	控制	控制	控制	控制	控制	控制
Constant	16.657*** (41.781)	16.457*** (40.558)	8.266*** (18.600)	8.295*** (18.390)	28.175*** (34.324)	27.735*** (32.731)
F	220.28	187.93	97.30	83.09	147.03	124.94
Adj R²	0.354	0.356	0.321	0.323	0.427	0.428

表 6-12 中（3）、（4）列和（5）、（6）列分别为存在管理者过度自信和不存在管理者过度自信的样本结果。结果显示，Innovation 与 TQ 均在 1% 的显著性水平下显著正相关，但 Innovation × CustomerSales 与 TQ 的回归结果存在显著差异。具体来看，管理者过度自信的样本中，Innovation × CustomerSales 与 TQ 在 5% 的显著性水平下显著正相关；但不存在管理者过度自信的样本中两者关系并不显著。本书认为，过度自信的管理者更易高估未来收益，与不存在管理者过度自信的企业相比，过度自信的管理者更乐于接受有风险和挑战的项目，这无疑增加了企业风险。因此，存在管理者过度自信的企业风险可能更大，从而导致企业与客户的合作关系对企业影响更明显。

6.7 本章小结

本书利用 2011—2019 年沪深两市 A 股制造业上市公司年度观察数据，实证分析客户稳定对企业创新投入的影响，探讨了管理者过度自信的中介效应，分析了客户集中度与创新投入产生的经济结果。研究结果表明：① 客户集中度与管理者过度自信显著正相关，但客户集中度波动对管理者过度自信的影响因客户集中度的增减存在差异，其中客户集中度增加造成的波动与管理者过度自信显著正相关，而客户集中度减少引起的波动与管理者过度自信则呈显著负相关关系，且客户变更程度越大，管理者过度自信程度越高。可见，管理者对企业与客户的合作关系会通过合作紧密程度、变化情况来衡量，相较于客户集中度的降低，管理者认为客户集中度越高，客户长期合作的意愿越强烈，从而企业经营更有保障，管理者更容易出现过度自信的表现。② 客户稳定不仅可以直接影响企业创新投入，也可以通过影响管理者过度自信从而影响企业创新，即管理者过度自信在客户集中度和客户集中度波动与企业创新投入的关系中存在部分中介效应，但这种作用在客户变更中表现为遮掩效应。③ 相比技术密集型企业，劳动密集型和资本密集型企业的客户集中度对创新投入影响更大，且管理者过度自信在要素密集度的调节中起到部分中介效应，即非技术密集型制造业的创新投入受管理者过度自信影响更大。④ "中国制造 2025"实施前，管理者过度自信在客户集中度与创新投入间的部分中介效应占比更大。⑤ 企业创新投入会促进企业市场价值的提高，且客户集中度的增加会促进创新投入对市场价值的影响，但这种关系只在管理者过度自信的企业中显著。此外，为了增强研究结果的可靠性，本书更换了客户集中度和创新投入的衡量方法进行稳健性检验，得到的分析结果同样支持本研究主要结论。

从上述结果来看，客户稳定对企业创新投入和管理者过度自信的影响存在显著差异。从管理者的角度出发，过度自信的管理者对未来收益更乐观，且更看重个人能力的施展，客户与企业关系的紧密程度更容易向外界传递企业经营状态良好的利好信息，因此，相较于客户的稳定，过度自信的管理者更看重企业与客户的紧密关系，但容易忽视企业由此付出的高额成本和面临的风险。在"中国制造 2025"背景下，融资渠道拓宽、融资成本降低、税收负担减轻以及财政支持力度加大等，无疑为中国制造业发展提供了良好的政策环境。因此，鼓励管理者发扬"冒险"精神，充分利用"中国制造 2025"提供的资源，客观评估未来风险，同时抓住企业更多创新成长的机会，帮助企业全面提高核心竞争力。

结 论

　　1995—2014年，世界500强评选中我国从无一上榜到入选56家制造业企业，制造业生产总值达到世界总产值的20%，我国制造业国际地位和影响力正不断提升，但"大"而不"强"仍是我国制造业的主要特点。比如曾是世界最大影像制造业的柯达公司，最终走向破产，其最主要的原因就是输在了创新，产品单一、更新慢，无法锁定忠实的客户而丧失市场。创新，无疑是企业提高竞争力的法宝。2015年颁布的《中国制造2025》为我国制造业企业指明了方向，"世界工厂"不应是我们的定位，"中国智造"才是未来的方向。党的二十大报告明确了制造业"高端化、智能化、绿色化"的发展之路。从"制造"到"智造"，推进生产过程智能化、培育新型生产发展，全面提高企业的智能化水平是未来发展的关键。而面对周期长、风险大、成本高的创新投资，如何保障稳定的资金一直是学者们研究的热点。

　　学者们基于内源融资、外源融资、现金持有、政府支持等对如何影响企业创新投入进行了大量的研究，但企业融资也会受到诸多因素的影响，因此，还应考虑二者共同的决定因素，以全面系统地讨论企业创新投入。近年来，为了不断适应市场的变化，供应链管理越来越重要，未来企业的竞争也不再是单个企业间的竞争，而是供应链间的竞争。客户，作为供应链下游企业，是企业重要的利益相关者，不仅直接影响企业创新投入，还对企业融资、现金持有等方面有显著影响。因此，探讨客户稳定对企业创新投入的直接影响，及融资结构、现金持有和管理者过度自信存在的中介效应，具有现实和理论意义。

　　借鉴学者们已有的相关研究，从客户集中度、客户集中度波动和客户变更三个层面对客户稳定进行衡量，本书得到如下主要研究结论。

　　第一，客户稳定有助于企业的创新投入，具体来看，客户集中度和客户集中度正向波动与创新投入正相关，但客户集中度负向波动或客户变更则与创新投入负相关。而且相比技术密集型企业，非技术密集型企业客户稳定对创新投入的影响更大。差异性分析"中国制造2025"实施前后发现，实施后客户集中对创新投入的影响更显著。进一步研究发现，客户集中度正向波动有助于提高创新投入对创新产出的正向影响，但客户集中度负向波动或客户变更会削弱两者的关系。

　　第二，融资结构层面。客户稳定有助于企业获取外源融资，即客户集中度和客户集中度正向波动均与外源融资正相关,但客户集中度负向波动和客户变更与外源融资负相关,且外源融资在客户稳定与创新投入中存在部分中介效应。但客户稳定对内源融资的影响存在差异,客户集中度、客户集中度波动和客户变更与内源融资均呈显著负相关关系,且内源融资在客户稳定与创新投入中并不存在中介效应。相比技术密集型企业,非技术密集型企业客户集中度对创新投入的影响更大,外源融资在要素密集度调节中起到部分中介效应。差异性分析"中国制造2025"实施前后发现,客户集中度对外源融资的影响及外源融资的中介效应在实施后更显著,而内源融资的影响却在实施前影响更大。进一步研究发现,股权融资、银行借款和商业信用三种不同融资渠道产生的作用中股权融资发挥的中介效应最大,商业信用次之,银行借款影响最小且表现为遮掩效应。

第三,现金持有层面。客户集中度越高、客户集中度波动越大、客户变更均会增加企业现金持有水平,表现为预防性动机。现金持有在客户集中、客户集中度正向波动与创新投入影响中存在中介效应,在客户集中度负向波动和客户变更中存在遮掩效应。相比技术密集型企业,非技术密集型企业的创新投入受企业现金持有水平影响更大。比较"中国制造2025"实施前后发现,客户集中度对现金持有的影响及现金持有的中介效应在实施前更显著。进一步研究发现,政府直接财政补贴有助于提高客户集中于创新投入的正相关关系,表现为"雪中送炭"的情谊,而税收优惠仅在现金持有水平较高的企业有显著影响,表现为"锦上添花"。

第四,决策行为层面。客户集中度、客户集中度正向波动和客户变更与管理者过度自信均呈显著正相关关系,而客户集中度负向波动与管理者过度自信呈负相关关系。管理者过度自信在客户集中度、客户集中度波动与创新投入中存在中介效应,在客户变更与创新投入中存在遮掩效应。相比技术密集型企业,非技术密集型企业的创新投入受管理者过度自信影响更大。比较"中国制造2025"实施前后发现,管理者过度自信在客户集中度与创新投入间的中介效应在实施前影响更大。进一步研究发现,创新投入有助于企业市场价值的提高,客户集中度的增加会促进创新投入对市场价值的影响,但这种关系只存在于管理者过度自信的企业。

从本书研究结论中可以概括出以下启示与建议:

第一,本书的研究结论表明,仅从客户集中度来衡量企业与客户的合作关系是不完整的,客户集中度高是客户稳定的表现,但同时也增加了企业商业信用和财务风险。结合客户集中度波动和客户变更,客户集中度正向波动是企业与客户合作利好的消息,而客户集中度负向波动和客户变更则是企业与客户合作的疏离，产生的影响大相径庭。因此，企业与客户的合作关系应从不同层面出发，结合企业自身和行业特征，建立相互信任的合作关系。

第二，本书结论总体而言，稳定的客户关系有助于企业提高创新投入。从供应链管理视角，供应链成员间不再是单纯的"买""卖"关系，而是信息、技术、资金、人员等方面的交流与合作，其产生的协同效应能产生更大的收益。客户稳定是供应链稳定的重要环节，从客户需求出发，明确企业技术创新的方向，更好地满足客户对产品技术的需求，不仅有助于企业与客户建立长期、稳定的合作关系，也有助于增强企业和供应链整体的竞争力。

第三，外源融资和现金持有是企业创新投入的重要资金来源，企业与客户关系在外源融资中扮演重要角色，对现金持有也存在显著影响。从企业特征出发，重视企业与客户建立的稳定关系，合理选择融资渠道，降低企业风险，高效运用企业资金。

第四，过度自信的管理者更看重企业与客户合作的紧密关系，但容易忽视企业由此付出的高额成本和面临的风险。从管理者角度出发，鼓励发扬"冒险"精神的同时，客观评估未来风险，建立良好的客户关系，帮助企业抓住创新成长的机会。

第五，比较外源融资、现金持有和管理者过度自信三者在客户稳定与创新投入间的中介效应占比可知，外源融资产生的影响最大，而现金持有影响最小。可见，外源融资是企业创新投入资金的重要来源，企业更倾向以现金持有防范企业未来的风险。选择适宜的融资渠道，合理利用资金，保障创新投入的资金稳定。

本书不仅深化了供应链管理的理解，丰富了对企业创新投入资金来源的认识，也为"中国制造2025"政策的解读提供了借鉴。企业应充分利用"中国制造2025"带来的资源，合理运用资金，加强创新投入，利用契机，不断增强核心竞争力。

本书研究的局限性及进一步研究体现在三个方面：第一，供应链资金链是从下游客户流向上游供应商，本书只考虑了客户与企业的资金流，未来研究中还可以加入供应商，探讨供应链整体资金流与企业创新投入的关系。第二，数据存在局限性，本书只考虑了企业、客户的双边关系，但供应链关系是复杂且动态的，未来研究中还应继续构建供应链整体框架，更全面、系统地构建供应链衡量指标，同时，探讨客户与供应商是否存在协同关系，即企业与客户的合作关系是否影响供应商关系，有待完善。第三，未来研究中，进一步挖掘客户稳定的衡量指标，如客户变更衡量指标，考虑变更个数等情况，更加深入和细致地探讨客户稳定带来的影响。

参考文献

[1] Aaboen L, Lindelöf P, Von Koch C, et al. Corporate governance and performance of small high-tech firms in Sweden[J]. Technovation, 2006, 26(8): 955-968.

[2] Abramovitz M. Resource and output trends in the United States since 1870[M]. NBER, 1956: 1-23.

[3] Acharya V, Xu Z. Financial dependence and innovation: The case of public versus private firms[J]. Journal of Financial Economics, 2017, 124(2): 223-243.

[4] Adler P S, Kwon S W. Social capital: Prospects for a new concept[J]. Academy of Management Review, 2002, 27(1): 17-40.

[5] Aerts K, Schmidt T. Two for the price of one?: Additionality effects of R&D subsidies: A comparison between Flanders and Germany[J]. Research Policy, 2008, 37(5): 806-822.

[6] Aghion P, Angeletos G M, Banerjee A, et al. Volatility and growth: Credit constraints and the composition of investment[J]. Journal of Monetary Economics, 2010, 57(3): 246-265.

[7] Aghion P, Bond S, Klemm A, et al. Technology and financial structure: are innovative firms different?[J]. Journal of the European Economic Association, 2004, 2(2-3): 277-288.

[8] Ahmed A S, Duellman S. Managerial overconfidence and accounting conservatism[J]. Journal of Accounting Research, 2013, 51(1): 1-30.

[9] Ak B K, Patatoukas P N. Customer-base concentration and inventory efficiencies: Evidence from the manufacturing sector[J]. Production and Operations Management, 2016, 25(2): 258-272.

[10] Almeida H, Campello M, Weisbach M S. The cash flow sensitivity of

cash[J]. The Journal of Finance, 2004, 59(4): 1777-1804.

[11] Anandarajan A, Chin C L, Chi H Y, et al. The effect of innovative activity on firm performance: The experience of Taiwan[J]. Advances in Accounting, 2007(23): 1-30.

[12] Bae K H, Wang J. Why do firms in customer–supplier relationships hold more cash?[J]. International Review of Finance, 2015, 15(4): 489-520.

[13] Bah R, Dumontier P. R&D intensity and corporate financial policy: Some international evidence[J]. Journal of Business Finance & Accounting, 2001, 28(5-6): 671-692.

[14] Banerjee S, Dasgupta S, Kim Y. Buyer-supplier relationships and the stakeholder theory of capital structure[J]. the Journal of Finance, 2008, 63(5): 2507-2552.

[15] Barker III V L, Mueller G C. CEO characteristics and firm R&D spending[J]. Management Science, 2002, 48(6): 782-801.

[16] Bates T W, Kahle K M, Stulz R M. Why do US firms hold so much more cash than they used to?[J]. The journal of Finance, 2009, 64(5): 1985-2021.

[17] Billett M T, Qian Y. Are overconfident CEOs born or made? Evidence of self-attribution bias from frequent acquirers[J]. Management Science, 2008, 54(6): 1037-1051.

[18] Blank D M, Stigler G J. The demand and supply of scientific personnel[J]. NBER Books, 1957.

[19] Bloom N, Griffith R, Van Reenen J. Do R&D tax credits work? Evidence from a panel of countries 1979–1997[J]. Journal of Public Economics, 2002, 85(1): 1-31.

[20] Bönte W, Nielen S. Trade Credit and Short-Term Financing of Innovative SMEs[J]. 2010.

[21] Bottazzi G, Dosi G, Lippi M, et al. Innovation and corporate growth in the evolution of the drug industry[J]. International journal of industrial organization, 2001, 19(7): 1161-1187.

[22] Bourdieu P. The Forms of Capital (1986)[J]. Cultural Theory: An anthology,

2011, 1(81-93): 949.

[23] Brander J A, Lewis T R. Oligopoly and financial structure: The limited liability effect[J]. The American Economic Review, 1986: 956-970.

[24] Brown J R, Fazzari S M, Petersen B C. Financing innovation and growth: Cash flow, external equity, and the 1990s R&D boom[J]. The Journal of Finance, 2009, 64(1): 151-185.

[25] Brown J R, Petersen B C. Cash holdings and R&D smoothing[J]. Journal of Corporate Finance, 2011, 17(3): 694-709.

[26] Brown R, Sarma N. CEO overconfidence, CEO dominance and corporate acquisitions[J]. Journal of Economics and Business, 2007, 59(5): 358-379.

[27] Brown M G, Svenson R A. Measuring r&d productivity[J]. Research-Technology Management, 1988, 31(4): 11-15.

[28] Burt R S. Structural holes: The social structure of competition[M]. Brighton: Harvard University Press, 2009.

[29] Byrnes J P, Miller D C, Schafer W D. Gender differences in risk taking: a meta-analysis[J]. Psychological Bulletin, 1999, 125(3): 367.

[30] Campbell A J, Cooper R G. Do customer partnerships improve new product success rates?[J]. Industrial Marketing Management, 1999, 28(5): 507-519.

[31] Campello M, Gao J. Customer concentration and loan contract terms[J]. Journal of Financial Economics, 2017, 123(1): 108-136.

[32] Cappelen Å, Raknerud A, Rybalka M. The effects of R&D tax credits on patenting and innovations[J]. Research Policy, 2012, 41(2): 334-345.

[33] Carbonell P, Rodríguez-Escudero A I, Pujari D. Customer involvement in new service development: An examination of antecedents and outcomes[J]. Journal of Product Innovation Management, 2009, 26(5): 536-550.

[34] Chang S C, Wong Y J, Lee C Y. Does CEO overconfidence influence a firm's ambidextrous balance of innovation?[C]. Academy of Management Proceedings. Briarcliff Manor, NY 10510: Academy of Management, 2015, 2015(1): 12305.

[35] Chen I J, Paulraj A, Lado A A. Strategic purchasing, supply management,

and firm performance[J]. Journal of Operations Management, 2004, 22(5): 505-523.

[36] Chesbrough H, Crowther A K. Beyond high tech: early adopters of open innovation in other industries[J]. R&d Management, 2006, 36(3): 229-236.

[37] Chesbrough H W. Open innovation: The new imperative for creating and profiting from technology[M]. Brighton: Harvard Business Press, 2003.

[38] Chu Y, Tian X, Wang W. Corporate innovation along the supply chain[J]. Management Science, 2019, 65(6): 2445-2466.

[39] Clark K B. Project scope and project performance: The effect of parts strategy and supplier involvement on product development[J]. Management Science, 1989, 35(10): 1247-1263.

[40] Coleman J S. Foundations of social theory[M]. Brighton: Harvard university press, 1994.

[41] Coleman J S. Social capital in the creation of human capital[J]. American Journal of Sociology, 1988(94): S95-S120.

[42] Cousins P D, Handfield R B, Lawson B, et al. Creating supply chain relational capital: The impact of formal and informal socialization processes[J]. Journal of Operations Management, 2006, 24(6): 851-863.

[43] Czarnitzki D, Hanel P, Rosa J M. Evaluating the impact of R&D tax credits on innovation: A microeconometric study on Canadian firms[J]. Research Policy, 2011, 40(2): 217-229.

[44] Czarnitzki D, Hussinger K. The link between R&D subsidies, R&D spending and technological performance[J]. ZEW-Centre for European Economic Research Discussion Paper, 2004 (04-056).

[45] Das A, Narasimhan R, Talluri S. Supplier integration—finding an optimal configuration[J]. Journal of Operations Management, 2006, 24(5): 563-582.

[46] David P A, Hall B H. Heart of darkness: modeling public–private funding interactions inside the R&D black box[J]. Research Policy, 2000, 29(9): 1165-1183.

[47] David P A, Hall B H, Toole A A. Is public R&D a complement or substitute

for private R&D? A review of the econometric evidence[J]. Research policy, 2000, 29(4-5): 497-529.

[48] Deshmukh S, Goel A M, Howe K M. Do CEO Beliefs Affect Corporate Cash Holdings?[J]. Available at SSRN 2566808, 2018.

[49] Dess G G, Lumpkin G T, Covin J G. Entrepreneurial strategy making and firm performance: Tests of contingency and configurational models[J]. Strategic management journal, 1997, 18(9): 677-695.

[50] Dhaliwal D, Judd J S, Serfling M, et al. Customer concentration risk and the cost of equity capital[J]. Journal of Accounting and Economics, 2016, 61(1): 23-48.

[51] Dhaliwal D, Michas P N, Naiker V, et al. Major customer reliance and auditor going-concern decisions[J]. Working Pa-per, University of Arizona, 2013.

[52] Dittmar A, Mahrt-Smith J. Corporate governance and the value of cash holdings[J]. Journal of financial economics, 2007, 83(3): 599-634.

[53] Dittmar A, Mahrt-Smith J, Servaes H. International corporate governance and corporate cash holdings[J]. Journal of Financial and Quantitative analysis, 2003, 38(1): 111-133.

[54] Ernst H, Hoyer W D, Krafft M, et al. Customer relationship management and company performance—the mediating role of new product performance[J]. Journal of the academy of marketing science, 2011, 39(2): 290-306.

[55] Fabbri D, Klapper L F. Bargaining power and trade credit[J]. Journal of corporate finance, 2016(41): 66-80.

[56] Fabbri D, Menichini A M C. Trade credit, collateral liquidation, and borrowing constraints[J]. Journal of Financial Economics, 2010, 96(3): 413-432.

[57] Flynn B B, Huo B, Zhao X. The impact of supply chain integration on performance: A contingency and configuration approach[J]. Journal of operations management, 2010, 28(1): 58-71.

[58] Foley C F, Hartzell J C, Titman S, et al. Why do firms hold so much cash? A

tax-based explanation[J]. Journal of financial economics, 2007, 86(3): 579-607.

[59] Freeman C, Soete L. The economics of industrial innovation[M]. Psychology Press, 1997.

[60] Frenkel A, Shefer D, Koschatzky K, et al. Firm characteristics, location and regional innovation: A comparison between Israeli and German industrial firms[J]. Regional studies, 2001, 35(5): 415-429.

[61] Frésard L, Salva C. The value of excess cash and corporate governance: Evidence from US cross-listings[J]. Journal of financial economics, 2010, 98(2): 359-384.

[62] Fukuyama F. Social capital and the global economy[J]. Foreign Aff., 1995(74): 89.

[63] Fukuyama F. Trust: The social virtues and the creation of prosperity[M]. New York: Free press, 1995.

[64] Fynes B, de BÚrca S, Voss C. Supply chain relationship quality, the competitive environment and performance[J]. International Journal of Production Research, 2005, 43(16): 3303-3320.

[65] Galasso A, Simcoe T S. CEO overconfidence and innovation[J]. Management Science, 2011, 57(8): 1469-1484.

[66] Galende J, de la Fuente J M. Internal factors determining a firm's innovative behaviour[J]. Research Policy, 2003, 32(5): 715-736.

[67] Gales L, Mansour-Cole D. User involvement in innovation projects: Toward an information processing model[J]. Journal of Engineering and Technology Management, 1995, 12(1-2): 77-109.

[68] Görg H, Strobl E. The effect of R&D subsidies on private R&D[J]. Economica, 2007, 74(294): 215-234.

[69] Gosman M, Kelly T, Olsson P, et al. The profitability and pricing of major customers[J]. Review of Accounting Studies, 2004, 9(1): 117-139.

[70] Grabowski H G. The determinants of industrial research and development: A study of the chemical, drug, and petroleum industries[J]. Journal of Political

[71] Griffin D, Tversky A. The weighing of evidence and the determinants of confidence[J]. Cognitive psychology, 1992, 24(3): 411-435.

[72] Hadlock C J, Pierce J R. New evidence on measuring financial constraints: Moving beyond the KZ index[J]. The Review of Financial Studies, 2010, 23(5): 1909-1940.

[73] Hall B H. Investment and research and development at the firm level: Does the source of financing matter?[R]. National Bureau of Economic Research, 1992.

[74] Hall B H. The financing of research and development[J]. Oxford Review of Economic Policy, 2002, 18(1): 35-51.

[75] Hall B, Van Reenen J. How effective are fiscal incentives for R&D? A review of the evidence[J]. Research Policy, 2000, 29(4-5): 449-469.

[76] Hayward M L A, Hambrick D C. Explaining the premiums paid for large acquisitions: Evidence of CEO hubris[J]. Administrative Science Quarterly, 1997: 103-127.

[77] Heaton J B. Managerial optimism and corporate finance[J]. Financial Management, 2002: 33-45.

[78] Heath C, Tversky A. Preference and belief: Ambiguity and competence in choice under uncertainty[J]. Journal of Risk and Uncertainty, 1991, 4(1): 5-28.

[79] Helmers C., Patnam M., Rau P. R. Do Board Interlocks Increase Innovation? Evidence from a Corporate Governance Reform in India[J]. Journal of Banking and Finance, 2017,80(7):51-70.

[80] Herz H, Schunk D, Zehnder C. How do judgmental overconfidence and overoptimism shape innovative activity?[J]. Games and Economic Behavior, 2014, 83: 1-23.

[81] Hertzel M G, Li Z, Officer M S, et al. Inter-firm linkages and the wealth effects of financial distress along the supply chain[J]. Journal of Financial Economics, 2008, 87(2): 374-387.

[82] Hill M D, Kelly G W, Lockhart G B. Shareholder returns from supplying trade credit[J]. Financial Management, 2012, 41(1): 255-280.

[83] Himmelberg C P, Petersen B C. R & D and internal finance: A panel study of small firms in high-tech industries[J]. The Review of Economics and Statistics, 1994: 38-51.

[84] Hirshleifer D, Low A, Teoh S H. Are overconfident CEOs better innovators?[J]. The Journal of Finance, 2012, 67(4): 1457-1498.

[85] Hitt M A, Hoskisson R E, Johnson R A, et al. The market for corporate control and firm innovation[J]. Academy of Management Journal, 1996, 39(5): 1084-1119.

[86] Hobday M, Davies A, Prencipe A. Systems integration: a core capability of the modern corporation[J]. Industrial and Corporate Change, 2005, 14(6): 1109-1143.

[87] Howe J D, McFetridge D G. The determinants of R & D expenditures[J]. Canadian Journal of Economics, 1976: 57-71.

[88] Hsu P H, Tian X, Xu Y. Financial development and innovation: Cross-country evidence[J]. Journal of Financial Economics, 2014, 112(1): 116-135.

[89] Huang R, Tan K J K, Faff R W. CEO overconfidence and corporate debt maturity[J]. Journal of Corporate Finance, 2016(36): 93-110.

[90] Hui K W, Klasa S, Yeung P E. Corporate suppliers and customers and accounting conservatism[J]. Journal of Accounting and Economics, 2012, 53(1-2): 115-135.

[91] Hui K W, Liang C, Yeung P E. The effect of major customer concentration on firm profitability: competitive or collaborative?[J]. Review of Accounting Studies, 2019, 24(1): 189-229.

[92] Irvine P J, Park S S, Yıldızhan Ç. Customer-base concentration, profitability, and the relationship life cycle[J]. The Accounting Review, 2016, 91(3): 883-906.

[93] Itzkowitz J. Customers and cash: How relationships affect suppliers' cash

holdings[J]. Journal of Corporate Finance, 2013(19): 159-180.

[94] Jain N. Monitoring costs and trade credit[J]. The Quarterly Review of Economics and Finance, 2001, 41(1): 89-110.

[95] Jansen J J P, Van Den Bosch F A J, Volberda H W. Exploratory innovation, exploitative innovation, and performance: Effects of organizational antecedents and environmental moderators[J]. Management Science, 2006, 52(11): 1661-1674.

[96] Johnson B. Supply chain coordination and performance management with real options based relationships[J]. Multinational Finance Journal, 2010, 14(3/4): 153-188.

[97] Johnson W C, Kang J K, Yi S. The certification role of large customers in the new issues market[J]. Financial Management, 2010, 39(4): 1425-1474.

[98] Kale J R, Shahrur H. Corporate capital structure and the characteristics of suppliers and customers[J]. Journal of Financial Economics, 2007, 83(2): 321-365.

[99] Kalwani M U, Narayandas N. Long-term manufacturer-supplier relationships: do they pay off for supplier firms?[J]. Journal of Marketing, 1995, 59(1): 1-16.

[100] Kamien M I, Schwartz N L. Self-Financing of an R and D Project[J]. The American Economic Review, 1978, 68(3): 252-261.

[101] Kim C S, Mauer D C, Sherman A E. The determinants of corporate liquidity: Theory and evidence[J]. Journal of Financial and Quantitative Analysis, 1998, 33(3): 335-359.

[102] Kinney M R, Wempe W F. Further evidence on the extent and origins of JIT's profitability effects[J]. The Accounting Review, 2002, 77(1): 203-225.

[103] Koku P S. R&D expenditure and profitability in the pharmaceutical industry in the United States[J]. Journal of Applied Management Accounting Research, 2010, 8(1): 35.

[104] Krause D R, Handfield R B, Tyler B B. The relationships between supplier development, commitment, social capital accumulation and performance

improvement[J]. Journal of Operations Management, 2007, 25(2): 528-545.

[105] Kubick T R, Lockhart G B. Overconfidence, CEO awards, and corporate tax aggressiveness[J]. Journal of Business Finance & Accounting, 2017, 44(5-6): 728-754.

[106] Lagrosen S. Customer involvement in new product development[J]. European Journal of Innovation Management, 2005.

[107] Lee H L, Padmanabhan V, Whang S. The bullwhip effect in supply chains[J]. Sloan Management Review, 1997, 38: 93-102.

[108] Lettl C. User involvement competence for radical innovation[J]. Journal of Engineering and Technology Management, 2007, 24(1-2): 53-75.

[109] Li J, Tang Y I. CEO hubris and firm risk taking in China: The moderating role of managerial discretion[J]. Academy of Management Journal, 2010, 53(1): 45-68.

[110] Lin N. Building a network theory of social capital[J]. Connections, 1999, 22(1): 28-51.

[111] Li N, Yang Z. Customer relationship and debt contracting[J]. Working paper, 2011.

[112] Lin Y, Hu S, Chen M. Managerial optimism and corporate investment: Some empirical evidence from Taiwan[J]. Pacific-Basin Finance Journal, 2005, 13(5): 523-546.

[113] Makri M, Lane P J, Gomez-Mejia L R. CEO incentives, innovation, and performance in technology-intensive firms: a reconciliation of outcome and behavior-based incentive schemes[J]. Strategic Management Journal, 2006, 27(11): 1057-1080.

[114] Malmendier U, Tate G. CEO overconfidence and corporate investment[J]. The journal of finance, 2005, 60(6): 2661-2700.

[115] Malmendier U, Tate G, Yan J. Overconfidence and early-life experiences: the effect of managerial traits on corporate financial policies[J]. The Journal of finance, 2011, 66(5): 1687-1733.

[116] Maloni M, Benton W C. Power influences in the supply chain[J]. Journal of

Business Logistics, 2000, 21(1): 49-74.

[117] Matsumura E M, Schloetzer J D. The structural and executional components of customer concentration: Implications for supplier performance[J]. Journal of Management Accounting Research, 2018, 30(1): 185-202.

[118] McEvily B, Marcus A. Embedded ties and the acquisition of competitive capabilities[J]. Strategic Management Journal, 2005, 26(11): 1033-1055.

[119] Miller M H, Orr D. A Model of the Demand for Money by Firms[J]. The Quarterly Journal of Economics, 1966, 80(3): 413-435.

[120] Mishra A A, Shah R. In union lies strength: Collaborative competence in new product development and its performance effects[J]. Journal of Operations Management, 2009, 27(4): 324-338.

[121] Moss Kanter R. Collaborative advantage: the art of alliances[J]. Harvard Business Review, 1994, 72(4): 96-108.

[122] Myers S C. The capital structure puzzle[J]. The Journal of Finance, 1984, 39(3): 574-592.

[123] Nahapiet J, Ghoshal S. Social capital, intellectual capital, and the organizational advantage[J]. Academy of Management Review, 1998, 23(2): 242-266.

[124] Newman J R. Fundamentals of Ornithology[J]. 1960.

[125] Nofsinger J R. Social mood and financial economics[J]. The Journal of Behavioral Finance, 2005, 6(3): 144-160.

[126] Oler D, Picconi M. Implications of insufficient and excess cash for future performance[J]. Available at SSRN 1092880, 2009.

[127] Opler T, Pinkowitz L, Stulz R, et al. The determinants and implications of corporate cash holdings[J]. Journal of Financial Economics, 1999, 52(1): 3-46.

[128] Ou C S, Liu F C, Hung Y C, et al. A structural model of supply chain management on firm performance[J]. International Journal of Operations & Production Management, 2010.

[129] Pandit S, Wasley C E, Zach T. Information externalities in capital markets:

The economic determinants of suppliers' stock price reaction to their major customers' information events[J]. Contemporary Accounting Research, 2011, 28(4): 1304-1343.

[130] [130] Park N K, Mezias J M, Song J. A resource-based view of strategic alliances and firm value in the electronic marketplace[J]. Journal of Management, 2004, 30(1): 7-27.

[131] Park S H, Luo Y. Guanxi and organizational dynamics: Organizational networking in Chinese firms[J]. Strategic Management Journal, 2001, 22(5): 455-477.

[132] Patatoukas P N. Customer-base concentration: Implications for firm performance and capital markets: 2011 American accounting association competitive manuscript award winner[J]. The Accounting Review, 2012, 87(2): 363-392.

[133] Pavitt K. Sectoral patterns of technical change: towards a taxonomy and a theory[J]. Technology, Management and Systems of Innovation, 1984: 15-45.

[134] Pinkowitz L, Williamson R. What is the market value of a dollar of corporate cash?[J]. Journal of Applied Corporate Finance, 2007, 19(3): 74-81.

[135] Porter M. E. How competitive forces shape strategy[J]. Harvard Business Review, 1979, 57(2): 137-145.

[136] Porter M E. Understanding industry structure[J]. Harvard Business School, 2007(13): 1-16.

[137] Portes A. Social capital: Its origins and applications in modern sociology[J]. Annual Review of Sociology, 1998, 24(1): 1-24.

[138] Prahalad C K, Hamel G. The core competence of the corporation[J]. Organization of Transnational Corporations, 1993(11): 359.

[139] Putnam R D. Bowling alone: America's declining social capital[M]. Culture and politics. Palgrave Macmillan, New York, 2000: 223-234.

[140] Rammer C, Czarnitzki D, Spielkamp A. Innovation success of

non-R&D-performers: substituting technology by management in SMEs[J]. Small Business Economics, 2009, 33(1): 35-58.

[141] Raman K, Shahrur H. Relationship-specific investments and earnings management: Evidence on corporate suppliers and customers[J]. The Accounting Review, 2008, 83(4): 1041-1081.

[142] Romer P M. Increasing returns and long-run growth[J]. Journal of Political Economy, 1986, 94(5): 1002-1037.

[143] Rostow W W. The stages of growth: A non-communist manifesto[M]. Cambridge: Cambridge University Press, 1960.

[144] Rothwell J. Proprioceptors in muscles, joints and skin[M]. Control of Human voluntary movement. Springer, Dordrecht, 1994: 86-126.

[145] Sasidharan S, Lukose P J J, Komera S. Financing constraints and investments in R&D: Evidence from Indian manufacturing firms[J]. The Quarterly Review of Economics and Finance, 2015(55): 28-39.

[146] Schrand C M, Zechman S L C. Executive overconfidence and the slippery slope to financial misreporting[J]. Journal of Accounting and economics, 2012, 53(1-2): 311-329.

[147] Schroth E, Szalay D. Cash breeds success: The role of financing constraints in patent races[J]. Review of Finance, 2010, 14(1): 73-118.

[148] Schumpeter J A. Change and the Entrepreneur[J]. Essays of JA Schumpeter, 1934, 4(23): 45-91.

[149] Schumpeter J A. Socialism, capitalism and democracy[M]. Harper and Brothers, 1942.

[150] Schumpeter J. The theory of economic development[M]. Harvard Economic Studies. Vol. 1911.

[151] Sohumpeter J A, Opie R. The theory of economic development: an inquiry into profits, capital, credit, interest and the business cycle[M]. Harvard University Press, 1934.

[152] Schwartz R A. An economic model of trade credit[J]. Journal of Financial and Quantitative Analysis, 1974, 9(4): 643-657.

[153] SERˆODIO P. R&D smoothing: revisiting the consensus on the cyclicality of research spending[J]. Pedro, S., 2014.

[154] Shin M, Kim S. The effects of cash holdings on R&D smoothing of innovative small and medium sized enterprises[J]. Asian Journal of Technology Innovation, 2011, 19(2): 169-183.

[155] Simon M, Houghton S M. The relationship between overconfidence and the introduction of risky products: Evidence from a field study[J]. Academy of Management Journal, 2003, 46(2): 139-149.

[156] Stank T P, Keller S B, Daugherty P J. Supply chain collaboration and logistical service performance[J]. Journal of Business Logistics, 2001, 22(1): 29-48.

[157] Strebulaev I A. Do tests of capital structure theory mean what they say?[J]. The Journal of Finance, 2007, 62(4): 1747-1787.

[158] Uphoff N. Learning from Gal Oya-Possibilities for participatory development and post-Newtonian social science[J]. Asia-Pacific Journal of Rural Development, 1996, 6(2): 103-107.

[159] Varsakelis N C. The impact of patent protection, economy openness and national culture on R&D investment: a cross-country empirical investigation[J]. Research Policy, 2001, 30(7): 1059-1068.

[160] Van Horen N. Customer market power and the provision of trade credit: evidence from Eastern Europe and Central Asia[M]. The World Bank, 2007.

[161] Villena V H, Gomez-Mejia L R, Revilla E. The decision of the supply chain executive to support or impede supply chain integration: a multidisciplinary behavioral agency perspective[J]. Decision Sciences, 2009, 40(4): 635-665.

[162] Von Hippel E. Lead users: a source of novel product concepts[J]. Management Science, 1986, 32(7): 791-805.

[163] Wallsten S J. The effects of government-industry R&D programs on private R&D: the case of the Small Business Innovation Research program[J]. The RAND Journal of Economics, 2000: 82-100.

[164] Whited T M, Wu G. Financial constraints risk[J]. The Review of Financial

Studies, 2006, 19(2): 531-559.

[165] Yang Z. Customer concentration, relationship, and debt contracting[J]. Journal of Applied Accounting Research, 2017, 18(2): 185-207.

[166] 边燕杰, 丘海雄. 企业的社会资本及其功效[J]. 中国社会科学, 2000（2）: 87-99, 207.

[167] 陈劲, 李飞宇. 社会资本:对技术创新的社会学诠释[J]. 科学学研究, 2001（3）: 102-107.

[168] 陈峻, 王雄元, 彭旋. 环境不确定性、客户集中度与权益资本成本[J]. 会计研究, 2015（11）: 76-82, 97.

[169] 陈钰芬, 金碧霞, 任奕. 企业社会责任对技术创新绩效的影响机制——基于社会资本的中介效应[J]. 科研管理, 2020, 41（9）: 87-98.

[170] 陈正林. 客户集中、行业竞争与商业信用[J]. 会计研究, 2017(11): 79-85, 97.

[171] 陈正林. 客户集中、政府干预与公司风险[J]. 会计研究, 2016(11): 23-29, 95.

[172] 陈正林, 王彧. 供应链集成影响上市公司财务绩效的实证研究[J]. 会计研究, 2014（2）: 49-56, 95.

[173] 程敏英, 郑诗佳, 刘骏. 供应商/客户集中度与企业盈余持续性:保险抑或风险[J]. 审计与经济研究, 2019, 34（4）: 75-86.

[174] 邓路, 徐睿阳, 谷宇, 等. 管理者过度自信、海外收购及其经济后果——基于"兖州煤业"的案例研究[J]. 管理评论, 2016, 28（11）: 252-263.

[175] 董静, 翟海燕, 杨自伟. 政府科技资助对谁更有效？——基于企业规模与所有制三维交互的研究[J]. 财经研究, 2016, 42（7）: 87-98.

[176] 董敏杰, 梁泳梅, 张其仔.中国工业产能利用率:行业比较、地区差距及影响因素[J]. 经济研究, 2015, 50（1）: 84-98.

[177] 戴璐, 汤谷良. 长期"双高"现象之谜：债务融资、制度环境与大股东特征的影响——基于上海科技与东盛科技的案例分析[J]. 管理世界, 2007（8）: 129-139.

[178] 方红星, 严苏艳. 客户集中度与企业创新[J]. 科研管理, 2020, 41（5）: 182-190.

[179] 樊琦，韩民春. 政府 R&D 补贴对国家及区域自主创新产出影响绩效研究——基于中国 28 个省域面板数据的实证分析[J]. 管理工程学报，2011，25（3）：183-188.

[180] 冯泰文，孙林岩. 新产品开发过程中的外部参与对企业绩效的影响[J]. 管理科学，2013，26（2）：28-39.

[181] 郭迎锋，顾炜宇，乌天玥，等. 政府资助对企业 R&D 投入的影响——来自我国大中型工业企业的证据[J]. 中国软科学，2016（3）：162-174.

[182] 韩东林，徐晓艳，陈晓芳. "中国制造 2025"上市公司技术创新效率评价[J]. 科技进步与对策，2016，33（13）：113-119.

[183] 韩鹏，唐家海. 融资约束、现金持有与研发平滑[J]. 财经问题研究，2012（10）：86-91.

[184] 郝生宾，于渤，王瑜. 新创企业市场导向对产品创新绩效的影响机制[J]. 管理科学，2018，31（5）：84-96.

[185] 黄莲琴，傅元略，屈耀辉. 管理者过度自信、税盾拐点与公司绩效[J]. 管理科学，2011，24（2）：10-19.

[186] 黄晓波，张琪，郑金玲. 上市公司客户集中度的财务效应与市场反应[J]. 审计与经济研究，2015，30（2）：61-71.

[187] 黄群慧，贺俊. 中国制造业的核心能力、功能定位与发展战略——兼评《中国制造 2025》[J]. 中国工业经济，2015（6）：5-17.

[188] 江伟，底璐璐，胡玉明. 改进型创新抑或突破型创新——基于客户集中度的视角[J]. 金融研究，2019（7）：155-173.

[189] 江伟，底璐璐，彭晨. 客户集中度影响银行长期贷款吗——来自中国上市公司的经验证据[J]. 南开管理评论，2017，20（2）：71-80.

[190] 江伟，孙源，胡玉明. 客户集中度与成本结构决策——来自中国关系导向营商环境的经验证据[J]. 会计研究，2018（11）：70-76.

[191] 江伟，姚文韬. 《物权法》的实施与供应链金融——来自应收账款质押融资的经验证据[J]. 经济研究，2016，51（1）：141-154.

[192] 鞠晓生，卢荻，虞义华. 融资约束、营运资本管理与企业创新可持续性[J]. 经济研究，2013，48（1）：4-16.

[193] 李丹，王丹. 供应链客户信息对公司信息环境的影响研究——基于股价

同步性的分析[J]. 金融研究，2016（12）：191-206.

[194] 李刚，白影波，许德惠. 客户参与与新产品上市速度:基于中国制造业的实证研究[J]. 科研管理，2014，35（2）：94-103.

[195] 李欢，李丹，王丹. 客户效应与上市公司债务融资能力——来自我国供应链客户关系的证据[J]. 金融研究，2018（6）：138-154.

[196] 李欢，郑杲娉，李丹. 大客户能够提升上市公司业绩吗？——基于我国供应链客户关系的研究[J]. 会计研究，2018（4）：58-65.

[197] 李迁，马骢，赵楠. 供应链中社会资本、不确定性与机会主义行为关系的实证研究[J]. 系统管理学报，2019，28（4）：614.

[198] 李汇东，唐跃军，左晶晶. 用自己的钱还是用别人的钱创新？——基于中国上市公司融资结构与公司创新的研究[J]. 金融研究，2013（2）：170-183.

[199] 李维安，李浩波，李慧聪. 创新激励还是税盾？——高新技术企业税收优惠研究[J]. 科研管理，2016，37（11）：61-70.

[200] 李馨子，牛煜皓，张广玉. 客户集中度影响企业的金融投资吗？[J]. 会计研究，2019（9）：65-70.

[201] 李曜，丛菲菲. 产业竞争下的民企资本结构选择——兼以苏宁云商为例[J]. 会计研究，2015（4）：47-54，96.

[202] 李耀新. 我国工业生产要素密集型产业结构的特征分析[J]. 经济研究，1991（12）：40-45，52.

[203] 李永，王砚萍，马宇. 制度约束下政府 R&D 资助挤出效应与创新效率[J]. 科研管理，2015，36（10）：58-65.

[204] 林钟高，林夜. 市场化进程、客户集中度与 IPO 公司业绩表现——基于创业板公司上市前后主要客户变动的视角[J]. 证券市场导报，2016（9）：13-20.

[205] 刘放，杨筝，杨曦. 制度环境、税收激励与企业创新投入[J]. 管理评论，2016，28（2）：61-73.

[206] 娄祝坤，黄妍杰，陈思雨. 集团现金分布、治理机制与创新绩效[J]. 科研管理，2019，40（12）：202-212.

[207] 陆根尧，云鹤. 基于要素密集度视角的产业集群自主创新能力研究[J].

中国软科学，2010（S2）：295-304.

[208] 鲁桐，党印. 公司治理与技术创新:分行业比较[J]. 经济研究，2014，49（6）：115-128.

[209] 卢馨，郑阳飞，李建明. 融资约束对企业R&D投资的影响研究——来自中国高新技术上市公司的经验证据[J]. 会计研究，2013（5）：51-58，96.

[210] 马春爱，易彩. 管理者过度自信对财务弹性的影响研究[J]. 会计研究，2017（7）：75-81，97.

[211] 马宏，李耿. 制度、社会资本与高新技术企业融资约束—基于创业板上市公司的实证研究[J]. 证券市场导报，2014（12）：41-455，50.

[212] 陆正飞，辛宇. 上市公司资本结构主要影响因素之实证研究[J]. 会计研究，1998（8）：36-39.

[213] 马文聪，朱桂龙. 供应商和客户参与技术创新对创新绩效的影响[J]. 科研管理，2013，34（2）：19-26.

[214] 孟庆玺，白俊，施文. 客户集中度与企业技术创新：助力抑或阻碍——基于客户个体特征的研究[J]. 南开管理评论，2018，21（4）：62-73.

[215] 孟庆玺，尹兴强，白俊. 产业政策扶持激励了企业创新吗？——基于"五年规划"变更的自然实验[J]. 南方经济，2016（12）：1-25.

[216] 潘爱玲，刘文楷，王雪. 管理者过度自信、债务容量与并购溢价[J]. 南开管理评论，2018，21（3）：35-45.

[217] 蒲文燕，张洪辉. 基于融资风险的现金持有与企业技术创新投入的关系研究[J]. 中国管理科学，2016，24（5）：38-45.

[218] 史金艳，秦基超. 融资约束、客户关系与公司现金持有[J]. 系统管理学报，2018，27（5）：844-853.

[219] 谭云清，马永生，李元旭. 社会资本、动态能力对创新绩效的影响：基于我国国际接包企业的实证研究[J]. 中国管理科学，2013（S2）：784-789.

[220] 唐清泉，徐欣. 企业R&D投资与内部资金——来自中国上市公司的研究[J]. 中国会计评论，2010，8（3）：341-362.

[221] 唐清泉，巫岑. 银行业结构与企业创新活动的融资约束[J]. 金融研究，2015（7）：116-134.

[222] 唐跃军. 供应商、经销商议价能力与公司业绩——来自2005—2007年中

国制造业上市公司的经验证据[J]. 中国工业经济，2009（10）：67-76.

[223] 田志龙，刘昌华. 客户集中度、关键客户议价力与中小企业绩效——基于中小企业板制造业上市公司的实证研究[J]. 预测，2015，34（4）：8-13，52.

[224] 王迪，刘祖基，赵泽朋. 供应链关系与银行借款——基于供应商/客户集中度的分析[J]. 会计研究，2016（10）：42-49，96.

[225] 王珏，祝继高. 劳动保护能促进企业高学历员工的创新吗？——基于 A 股上市公司的实证研究[J]. 管理世界，2018，34（3）：139-152，166，184.

[226] 王莉. 德国工业 4.0 对《中国制造 2025》的创新驱动研究[J]. 科学管理研究，2017，35（5）：100-103，107.

[227] 王玲. 西方供应链关系研究前沿与评述[J].未来与发展，2005（5）：28-31.

[228] 王山慧，王宗军，田原. 管理者过度自信与企业技术创新投入关系研究[J]. 科研管理，2013，34（5）：1-9.

[229] 王雄元，高开娟. 客户关系与企业成本粘性:敲竹杠还是合作[J]. 南开管理评论，2017，20（1）：132-142.

[230] 王雄元，高开娟. 客户集中度与公司债二级市场信用利差[J]. 金融研究，2017（1）：130-144.

[231] 王雄元，彭旋. 稳定客户提高了分析师对企业盈余预测的准确性吗？[J]. 金融研究，2016（5）：156-172.

[232] 韦影，王昀. 企业社会资本与知识转移的多层次研究综述[J]. 科研管理，2015，36（7）：154-160.

[233] 温忠麟，叶宝娟. 有调节的中介模型检验方法:竞争还是替补?[J]. 心理学报，2014，46（5）：714-726.

[234] 吴祖光，万迪昉，王文虎. 税收优惠方式对创新投入激励效果的实验研究[J]. 系统工程理论与实践，2017，37（12）：3025-3039.

[235] 解维敏，方红星. 金融发展、融资约束与企业创新投入[J]. 金融研究，2011（5）：171-183.

[236] 解维敏，唐清泉，陆姗姗. 政府 R&D 资助，企业 R&D 支出与自主创新——来自中国上市公司的经验证据[J]. 金融研究，2009（6）：86-99.

[237] 徐进,吴雪芬.企业现金持有改善了创新投入平稳性吗?[J].证券市场导报,2017(6):36-42.

[238] 徐可,何桢,王瑞.供应链关系质量与企业创新价值链——知识螺旋和供应链整合的作用[J].南开管理评论,2015,18(1):108-117.

[239] 杨兴全,孙杰.企业现金持有量影响因素的实证研究——来自我国上市公司的经验证据[J].南开管理评论,2007(6):47-54.

[240] 杨兴全,曾义.现金持有能够平滑企业的创新投入吗?——基于融资约束与金融发展视角的实证研究[J].科研管理,2014,35(7):107-115.

[241] 姚洋,章奇.中国工业企业技术效率分析[J].经济研究,2001(10):13-19,28-95.

[242] 叶宝娟,温忠麟.有中介的调节模型检验方法:甄别和整合[J].心理学报,2013,45(9):1050-1060.

[243] 叶飞,薛运普.供应链伙伴间信息共享对运营绩效的间接作用机理研究——以关系资本为中间变量[J].中国管理科学,2011,19(6):112-125.

[244] 易靖韬,张修平,王化成.企业异质性、高管过度自信与企业创新绩效[J].南开管理评论,2015,18(6):101-112.

[245] 尹美群,盛磊,李文博.高管激励、创新投入与公司绩效——基于内生性视角的分行业实证研究[J].南开管理评论,2018,21(1):109-117.

[246] 于波,霍永强.商业信用与企业创新:多多益善还是适可而止?[J].现代经济探讨,2020(5):88-98.

[247] 于茂荐,孙元欣.专用性投资、治理机制与企业绩效——来自制造业上市公司的经验证据[J].管理工程学报,2014,28(1):39-47.

[248] 余明桂,潘红波.金融发展、商业信用与产品市场竞争[J].管理世界,2010(8):117-129.

[249] 余宜珂,郭靖,张再杰,等.房地产挤占、现金持有与企业创新绩效[J].统计与决策,2020,36(3):159-163.

[250] 苑泽明,郭景先.政府资助对创新投入的影响研究——基于创业板公司非效率创新投资的视角[J].证券市场导报,2015(11):31-36.

[251] 张敏,马黎珺,张胜.供应商-客户关系与审计师选择[J].会计研究,2012(12):81-86,95.

[252] 张润宇,余明阳,张梦林. 社会资本是否影响了上市家族企业过度投资?——基于社会资本理论和高阶理论相结合的视角[J]. 中国软科学,2017(9):114-126.

[253] [253] 张少华,蒋伟杰. 中国的产能过剩:程度测算与行业分布[J]. 经济研究,2017,52(1):89-102.

[254] 张耀辉,彭红兰. 需求诱致下的客户参与创新的激励研究[J]. 中国工业经济,2010(8):87-96.

[255] 赵泉午,王青,黄亚峰. 制造业供应链伙伴关系与企业绩效的实证研究[J]. 华东经济管理,2010,24(11):128-131.

[256] 郑春美,李佩. 政府补助与税收优惠对企业创新绩效的影响——基于创业板高新技术企业的实证研究[J]. 科技进步与对策,2015,32(16):83-87.

[257] 郑培培,陈少华. 管理者过度自信、内部控制与企业现金持有[J]. 管理科学,2018,31(4):3-16.

[258] 周冬华,梁晓琴. 客户集中度、分析师跟进与会计信息可比性[J]. 山西财经大学学报,2018,40(7):112-124.

[259] 周冬华,王晶. 客户集中度、产品市场竞争与股权融资成本[J]. 山西财经大学学报,2017,39(7):44-58.

[260] 周海涛,张振刚. 政府研发资助方式对企业创新投入与创新绩效的影响研究[J]. 管理学报,2015,12(12):1797-1804.

[261] 朱平芳,徐伟民. 政府的科技激励政策对大中型工业企业R&D投入及其专利产出的影响——上海市的实证研究[J]. 经济研究,2003(6):45-53,94.